あした話したくなる

なりたい 知《し》りたい

仕事《しごと》のひみつ

朝日新聞出版

この本《ほん》は
仕事《しごと》の話《はなし》
です

読《よ》んだら
だれかに
すぐ話《はな》し
たくなる！

大人《おとな》も
知《し》らない
びっくりな話《はなし》も
たくさん！

将来《しょうらい》その仕事《しごと》を
やってみたく
なるかも！

もくじ

1章《しょう》 すごい！やってみたい仕《し》事《ごと》

2章《しょう》

びっくり！仕事《しごと》のおどろき

ホント？めずらしい仕事《しごと》

3章《しょう》

どこからでもすぐに読《よ》めます！

4章《しょう》 へえ！ 仕事《しごと》のなるほど

うそ? びっくり仕事《しごと》の歴史《れきし》

5章《しょう》

コラム

1章《しょう》

すごい!
やってみたい仕《し》事《ごと》

遊《ゆう》園《えん》地《ち》のスタッフ

は開《かい》園《えん》前《まえ》、アトラクションに乗《の》る！

遊園地《ゆうえんち》は好《す》きですか？　ジェットコースター、メリーゴーラウンド、観覧車《かんらんしゃ》など、たくさんのアトラクションがあります。じつは遊園地《ゆうえんち》のスタッフは、お客《きゃく》さんが来《く》る前《まえ》に、それらのアトラクションに乗《の》ることができるのです。

お客《きゃく》さんが来《く》る前《まえ》に、こっそり楽《たの》しんじゃおう……ということではありません。いろんな乗《の》り物《もの》やアトラクションがきちんと動《うご》くかどうか、異常《いじょう》はないか、点検《てんけん》をしているのです。

スタッフが実際《じっさい》に乗《の》り込《こ》んで点検《てんけん》をするかどうかは園《えん》によって違《ちが》いますが、異常《いじょう》の点検《てんけん》や安全確認《あんぜんかくにん》は遊園地《ゆうえんち》のスタッフの大切《たいせつ》な仕事《しごと》なのです。

決《けっ》して
楽《たの》しんでいる
わけでは
ないんですよ〜っ！

じつは

開園前《かいえんまえ》に安全点検《あんぜんてんけん》をしている。

消《しょう》防《ぼう》士《し》

は

出《しゅつ》動《どう》指《し》令《れい》から1分《ぷん》以《い》内《ない》に出《しゅつ》動《どう》する！

火事《かじ》が起《お》きたら、できるだけ早《はや》く火《ひ》を消《け》すことが大切《たいせつ》です。そのため消防士《しょうぼうし》は、火事《かじ》の通報《つうほう》を受《う》けたらすぐに出動《しゅつどう》して、火事《かじ》の現場《げんば》に5分以内《ふんいない》に到着《とうちゃく》するように行動《こうどう》します。

火事《かじ》の現場《げんば》に出動《しゅつどう》する消防士《しょうぼうし》は1日《にち》おきか2日《ふつか》おきに24時間勤務《じかんきんむ》をしています。

火事《かじ》の通報《つうほう》を受《う》けて出動指令《しゅつどうしれい》が出《で》たら、消《しょう》防士《ぼうし》たちは1分以内《ぷんいない》に防火服《ぼうかふく》と空気《くうき》ボンベを身《み》につけ、急《いそ》いで消防車《しょうぼうしゃ》に乗《の》り込《こ》み出動《しゅつどう》します。消防士《しょうぼうし》はすばやく出動《しゅつどう》する訓練《くんれん》を普段《ふだん》から繰《く》り返《かえ》し行《おこな》い、実際《じっさい》の場面《ばめん》に備《そな》えています。夜《よる》に仮眠《かみん》をとる時《とき》も、いつでも出動《しゅつどう》できるよう制服《せいふく》（活動服《かつどうふく》）を着《き》たまま眠《ねむ》ります。

消防士《しょうぼうし》は1日《にち》24時間《じかん》、いつでも出動《しゅつどう》できる状態《じょうたい》を整《ととの》えているのです。

なんと

1日《にち》24時間《じかん》、いつでもすぐ出動《しゅつどう》できる。

パティシエ

は

フランスでは国家《こっか》資格《しかく》！

ケーキ作《づく》りの職人《しょくにん》のことをフランス語《ご》でパティシエといいます。

本場《ほんば》のフランスではパティシエを名乗《なの》るには、国家資格《こっかしかく》を取《と》る必要《ひつよう》があります。資格《しかく》は初級《しょきゅう》レベルから上級《じょうきゅう》レベルまで6つの段階《だんかい》にわかれていて、上級《じょうきゅう》レベルの資格《しかく》を取《と》るためには初級《しょきゅう》の資格《しかく》を取《と》ってから3年間《ねんかん》の経験《けいけん》が必要《ひつよう》、などの条件《じょうけん》があります。この国家資格《こっかしかく》は日本人《にほんじん》でも試験《しけん》を受《う》けることができます。

日本《にほん》ではパティシエの資格《しかく》は特《とく》にありませんが、「製菓衛生師《せいかえいせいし》」（食品《しょくひん》の安全《あんぜん》や衛生管理《えいせいかんり》についての資格《しかく》）や「菓子製造技能士《かしせいぞうぎのうし》」（おかし作《づく》りの技術《ぎじゅつ》や知識《ちしき》についての資格《しかく》）という資格《しかく》があります。日本《にほん》で活躍《かつやく》する多《おお》くのパティシエは、この2つの資格《しかく》を持《も》っています。

じつは
パティシエの資格《しかく》は日本人《にほんじん》も取《と》れる。

世《せ》界《かい》的《てき》レストランガイドの調《ちょう》査《さ》の仕《し》事《ごと》は

まるでスパイ！

『ミシュランガイド』という、世界的《せかいてき》なレストランのガイドブックがあります。タイヤメーカーのミシュランが、世界各地《せかいかくち》のレストランなどを格付《かくづ》けした本《ほん》です。格付《かくづ》けは星《ほし》の数《かず》で表《あらわ》され、三《み》つ星《ぼし》が最高《さいこう》ランクです。

ミシュランの調査員《ちょうさいん》は、各地《かくち》のレストランを訪《おとず》れて格付《かくづ》けのためのチェックをしますが、お店《みせ》の人《ひと》に自分《じぶん》が調査員《ちょうさいん》だとばれないように気《き》をつけます。ばれてしまうと、評価《ひょうか》をよくしてもらおうと、特別《とくべつ》な料理《りょうり》を出《だ》されることもあるからです。まるでスパイです。

ミシュランの調査員《ちょうさいん》になるには、5～10年《ねん》ホテルやレストランでの仕事《しごと》を経験《けいけん》していること、みんなに広《ひろ》く顔《かお》を知《し》られていないこと、などの条件《じょうけん》があるそうです。

なぜなら

お店《みせ》の人《ひと》にばれないように審査《しんさ》する。

日《に》本《ほん》で切《きっ》手《て》をデザインする人《ひと》

はたった8人《にん》！

郵便《ゆうびん》を出《だ》す時《とき》に貼《は》る切手《きって》。

切手《きって》には、通常《つうじょう》の郵便《ゆうびん》に使《つか》う普通切手《ふつうきって》のほか、何《なに》かの記念行事《きねんぎょうじ》に合《あ》わせて発行《はっこう》される特殊切手《とくしゅきって》などがあります。特殊切手《とくしゅきって》は1年間《ねんかん》に20〜50件《けん》ほど発行《はっこう》されています。

切手《きって》のデザインをしているのは、日本郵便《にっぽんゆうびん》の切手《きって》・葉書室《はがきしつ》という部署《ぶしょ》です。ここには8人《にん》のデザイナーがいて、すべての切手《きって》のデザインを手掛《てが》けています。つまり、切手《きって》をデザインする人《ひと》は日本《にほん》に8人《にん》しかいないのです（2025年《ねん》2月時点《がつじてん》）。

デザイナーに欠員《けついん》が出《で》た時《とき》しか募集《ぼしゅう》はありませんが、美術系《びじゅつけい》の大学《だいがく》か専門学校《せんもんがっこう》の卒業者《そつぎょうしゃ》で、パソコンを使《つか》ってデザインができる人《ひと》が求《もと》められています。

切手《きって》のサイズは
15ミリ以上《いじょう》、
50ミリ以下《いか》と
決《き》まってます。

ちなみに

欠員《けついん》が出《で》た時《とき》しか募集《ぼしゅう》をしない。

AIに指《し》示《じ》をする仕《し》事《ごと》

は

高《こう》収《しゅう》入《にゅう》！

ＡＩとは、コンピューターに考《かんが》える力《ちから》を与《あた》える技術《ぎじゅつ》のことで、人工知能《じんこうちのう》といわれます。

ＡＩの発展《はってん》は目覚《めざ》ましく、いろんな質問《しつもん》に答《こた》えてくれるだけでなく、たとえば自分《じぶん》が考《かんが》えた小説《しょうせつ》を書《か》いてくれたり、絵《え》を描《か》いてくれたり、アプリを作《つく》ってくれたりもします。

そんなＡＩに指示《しじ》をして、優《すぐ》れた答《こた》えや作《さく》品《ひん》を引《ひ》き出《だ》す「プロンプトエンジニア」という仕事《しごと》があります。ＡＩには誰《だれ》でも質問《しつもん》できますが、優《すぐ》れた答《こた》えを引《ひ》き出《だ》すには技術《ぎじゅつ》が必《ひっ》要《よう》で、アメリカでは年収《ねんしゅう》５０００万円《まんえん》という高給《こうきゅう》で求人《きゅうじん》が出《で》たこともあります。

ちなみに日本《にほん》の会社員《かいしゃいん》の平均給料《へいきんきゅうりょう》は約《やく》４６０万円《まんえん》（※）。将来《しょうらい》、有望《ゆうぼう》な仕事《しごと》のひとつです。

じつは

これから有望《ゆうぼう》な職業《しょくぎょう》のひとつ。

※国税庁《こくぜいちょう》「令和《れいわ》5年分《ねんぶん》　民間給与実態統計調査《みんかんきゅうよじったいとうけいちょうさ》」から

ユーチューバー

には たくさんの 裏《うら》方《かた》がいる！

人気《にんき》の職業《しょくぎょう》ユーチューバー。動画《どうが》を公開《こうかい》して、見《み》てくれる人《ひと》が多《おお》ければ多《おお》いほど収入《しゅうにゅう》も増《ふ》えていきます。

動画《どうが》を撮《と》ってユーチューブにアップするのはひとりでも簡単《かんたん》にできて、実際《じっさい》にたくさんの人《ひと》たちが動画《どうが》を公開《こうかい》しています。

でもじつは、人気《にんき》のユーチューバーの多《おお》くは、ひとりではなく多《おお》くのスタッフと一緒《いっしょ》に動画《どうが》を作《つく》っています。たくさんの人《ひと》に見《み》てもらえる動画《どうが》を、ひとりで作《つく》り続《つづ》けることは難《むずか》しいのです。

内容《ないよう》を考《かんが》える人《ひと》、どんな動画《どうが》にするかコンテ（台本《だいほん》）を考《かんが》える人《ひと》、カメラ、音声《おんせい》、照明《しょうめい》のスタッフ、撮影《さつえい》した動画《どうが》を加工《かこう》する編集作業《へんしゅうさぎょう》も大切《たいせつ》です。

このように 大勢《おおぜい》の協力《きょうりょく》で制作《せいさく》することもある。

気《き》象《しょう》
予《よ》報《ほう》士《し》試《し》験《けん》

の

合《ごう》格《かく》者《しゃ》は
100人《にん》中《ちゅう》
4～6人《にん》！

気象予報士《きしょうよほうし》は天気予報《てんきよほう》の専門家《せんもんか》です。天気《てんき》に関《かん》する情報《じょうほう》を発信《はっしん》する仕事《しごと》や、テレビのお天気《てんき》キャスターなどとして活躍《かつやく》することができます。気象予報士《きしょうよほうし》になるには、試験《しけん》を受《う》けて、国家資格《こっかしかく》を取得《しゅとく》しなくてはなりません。

とても人気《にんき》のある資格《しかく》で、毎年多《まいとしおお》くの人《ひと》が試験《しけん》を受《う》けます。試験《しけん》は学科《がっか》と実技《じつぎ》の2つがあり、学科《がっか》に合格《ごうかく》すれば、実技《じつぎ》は1年以内《ねんいない》ならもう一度受《いちどう》けることができます。合格率《ごうかくりつ》は4～6%。つまり100人中《にんちゅう》4～6人《にん》ぐらいしか合格《ごうかく》できないという、たいへん難《むずか》しい試験《しけん》です。

人気《にんき》のひみつは誰《だれ》でも試験《しけん》が受《う》けられるということ。年齢《ねんれい》や学歴《がくれき》などに決《き》まりがないこと。11歳《さい》の小学生《しょうがくせい》が合格《ごうかく》した例《れい》もあります。

なんと 試験《しけん》は難《むずか》しいが小学生《しょうがくせい》も受験《じゅけん》できる。

自《じ》衛《えい》隊《たい》には超《ちょう》一《いち》流《りゅう》の音《おん》楽《がく》隊《たい》がある！

自衛隊《じえいたい》は日本《にほん》を守《まも》るための部隊《ぶたい》で、陸上自《りくじょうじ》衛隊《えいたい》、海上自衛隊《かいじょうじえいたい》、航空自衛隊《こうくうじえいたい》があります。日々《ひび》、日本《にほん》を守《まも》るための訓練《くんれん》を行《おこな》い、災害《さいがい》が起《お》きた時《とき》などには人命救助活動《じんめいきゅうじょかつどう》もします。

そんな自衛隊《じえいたい》には意外《いがい》な部隊《ぶたい》があります。音楽隊《おんがくたい》です。音楽隊《おんがくたい》の隊員《たいいん》は、日々音楽《ひびおんがく》の練《れん》習《しゅう》に打《う》ち込《こ》んでいて、超一流《ちょういちりゅう》の腕前《うでまえ》です。

音楽隊《おんがくたい》は、外国《がいこく》からの重要《じゅうよう》なお客様《きゃくさま》（国賓《こくひん》）が来《き》た時《とき》などに行《おこな》われる式典《しきてん》で、演奏《えんそう》を行《おこな》います。陸上《りくじょう》、海上《かいじょう》、航空自衛隊合《こうくうじえいたいあ》わせて、全《ぜん》部《ぶ》で32の音楽隊《おんがくたい》があります。

なかでもいちばん有名《ゆうめい》なのは、陸上自衛隊《りくじょうじえいたい》の「中央音楽隊《ちゅうおうおんがくたい》」です。演奏回数《えんそうかいすう》は1年間《ねんかん》に190回《かい》ほどにもなります。

このように
日々《ひび》演奏《えんそう》の練習《れんしゅう》に打《う》ち込《こ》んでいる。

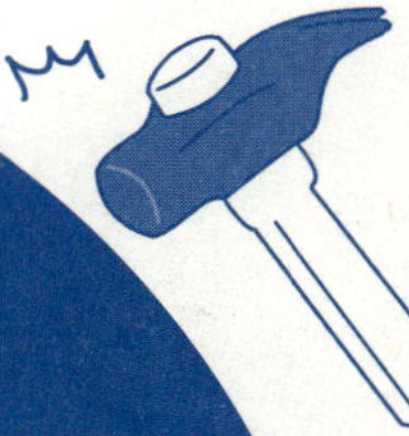

ハンマーでたたくだけで故障《こしょう》の場所《ばしょ》が分《わ》かる人《ひと》

がいる!

長《なが》～いトンネルの壁《かべ》。その壁《かべ》に、どこかおかしなところがないか調《しら》べるには、どうすればいいでしょう？

調《しら》べる方法《ほうほう》は、ハンマーなどでたたくこと。壁《かべ》をたたいて出《で》る音《おと》を聞《き》いて、音《おと》の違《ちが》いを聞《き》き分《わ》け、中《なか》の状態《じょうたい》を診断《しんだん》していくのです。この方法《ほうほう》を「打音検査《だおんけんさ》」といいます。

問題《もんだい》の無《な》い場所《ばしょ》と、たとえばコンクリートがもろくなっている場所《ばしょ》とでは、たたいた時《とき》に出《で》る音《おと》が違《ちが》います。また、たたいた時《とき》に手《て》に感《かん》じる感覚《かんかく》も違《ちが》います。耳《みみ》で聞《き》く音《おと》と手《て》の感覚《かんかく》を合《あ》わせて、おかしなところを見《み》つけていくのです。

打音検査《だおんけんさ》は列車《れっしゃ》の車輪《しゃりん》の点検《てんけん》など、トンネルの検査《けんさ》以外《いがい》でも行《おこな》われています。

このように

音《おと》の違《ちが》いと手《て》の感覚《かんかく》で検査《けんさ》する。

業界用語《ぎょうかいようご》がわかると

仕事《しごと》もわかる？

お仕事言葉辞典《しごとことばじてん》1

ここでは、
その仕事《しごと》ならではの
特別《とくべつ》な言葉《ことば》（業界用語《ぎょうかいようご》）を
いくつか紹介《しょうかい》します。

アイドルタイム

レストランなどでランチタイムとディナータイムの間《あいだ》の、お客《きゃく》さんが少《すく》ない時間《じかん》、または営業《えいぎょう》していない時間《じかん》のこと。決《けっ》してレストランでアイドルがショーをする時間《じかん》という意味《いみ》ではありません。

兄貴《あにき》と弟《おとうと》

料理人《りょうりにん》たちの言葉《ことば》。同《おな》じ食材《しょくざい》や料理《りょうり》で、先《さき》に仕入《しい》れたり調理《ちょうり》したものを兄貴《あにき》、後《あと》で仕入《しい》れたり調理《ちょうり》したものを弟《おとうと》とよんでいます。

アホ

「アホ」だなんて言葉《ことば》がキッチンから聞《き》こえてきたら、ちょっとびっくりしますよね。実《じっ》は、スペイン料理《りょうり》店《てん》で「アホ」といえば「にんにく」のことです。

ショッカー

なんだか悪《あく》の組織《そしき》っぽい名前《なまえ》ですが、飲《いん》食店《しょくてん》でショッカーといえば、その店《みせ》を評《ひょう》価《か》するためにやってくる覆面調査員《ふくめんちょうさいん》のこと（16ページも見《み》よう）。「ミステリーショッパー」ともいいます。

タベルナ

「食《た》べちゃダメ！」ということでは決《けっ》してありません。イタリア語《ご》で、大衆食堂《たいしゅうしょくどう》や、居酒屋《いざかや》の意味《いみ》です。

二《に》毛《もう》作《さく》

同《おな》じ建物《たてもの》で、昼《ひる》はハンバーガー屋《や》、夜《よる》は居酒屋《いざかや》など、昼《ひる》と夜《よる》とで種類《しゅるい》の違《ちが》う店《みせ》を営業《えいぎょう》すること。もともとは同《おな》じ田《た》んぼや畑《はたけ》で、一年間《いちねんかん》に2種類《しゅるい》の作物《さくもつ》を作《つく》ることをいいます。

バッシング

ちょっとドキッとする言葉《ことば》ですが、飲食店《いんしょくてん》の「バッシング」とは食《た》べ終《お》わったお皿《さら》などの食器《しょっき》を片付《かたづ》けることをいいます。

ボウズ

お客《きゃく》さんが全然《ぜんぜん》いない状況《じょうきょう》のことをいいます。お客《きゃく》さんがいないという意味《いみ》の英語《えいご》、ノーゲストを略《りゃく》してノーゲスとも。

ちなみに、魚釣《さかなつ》りでも、全然《ぜんぜん》釣《つ》れない時《とき》のことを「ボウズ」といいます。

ラウンド

お客《きゃく》さんのテーブルを回《まわ》って水《みず》を継《つ》ぎ足《た》したり、食《た》べ終《お》わったお皿《さら》を下《さ》げたりすることをいいます。

ウォークイン

英語《えいご》で、歩《ある》いて入《はい》るという意味《いみ》ですが、ホテル業界《ぎょうかい》では、予約《よやく》をしていない飛《と》び込《こ》みのお客《きゃく》さんのことをいうそうです。

フリーともいいます。

おばけ

予約《よやく》をしていないのに、予約《よやく》をしていると言《い》ってやってくるお客《きゃく》さんのこと。

シルバー

ホテルやレストランなどで、ナイフやフォーク、スプーンのことをいいます。ヨーロッパなどではこれらが主《おも》に銀《ぎん》でできていたことが由来《ゆらい》とされています。一般的《いっぱんてき》には「カトラリー」といいます。

タヌキ

生《い》き物《もの》のタヌキのことではありません。夕《ゆう》食無《しょくな》しでホテルに泊《と》まるお客《きゃく》さんのこと。夕食《ゆうしょく》の「夕《ゆう》」が、かたかなの「タ」に似《に》ていることに由来《ゆらい》しています。

チャメ

子《こ》どものお客《きゃく》さんのことです。

どうしてこういうようになったのかについては、「お茶目《ちゃめ》」が由《ゆ》来《らい》など、いろいろな説《せつ》があります。

マスコミ芸《げい》能《のう》

アフレコ

アフター・レコーディングの略《りゃく》です。映像《えいぞう》に合《あ》わせて声《こえ》を録音《ろくおん》すること。アニメだけでなく、テレビドラマでも、アフレコが行《おこな》われることがあります。

ガヤ

演劇《えんげき》などで、その他《た》大勢《おおぜい》の役《やく》のことです。

消《き》えもの

テレビ番組《ばんぐみ》で使《つか》う食《た》べ物《もの》のことです。食《た》べたら無《な》くなってしまうので、「消《き》えもの」といいます。

三《さん》面《めん》記《き》事《じ》

新聞《しんぶん》で、重要《じゅうよう》なニュースの載《の》る「一面記事《いちめんきじ》」に対《たい》して、社会面《しゃかいめん》の記事《きじ》のことをいいます。新聞《しんぶん》の三面《さんめん》に社《しゃ》会面《かいめん》があったことによります。

とばし

新聞《しんぶん》などの記事《きじ》で、内《ない》容《よう》について、本当《ほんとう》かどうかをきちんと確《たし》かめず、事実《じじつ》と異《こと》なっていること。記者《きしゃ》はどんな記事《きじ》でもきちんと確認《かくにん》することが必要《ひつよう》です。「とばし記事《きじ》」などともいいます。

てっぺん

テレビ業界《ぎょうかい》などで、深《しん》夜《や》0時《じ》のことをいいます。「収録《しゅうろく》がてっぺんを越《こ》えてしまった」などと使《つか》います。

撮《と》れ高《だか》

テレビ業界《ぎょうかい》の言葉《ことば》で、撮影《さつえい》したもののなかで、実際《じっさい》に編集《へんしゅう》して番組《ばんぐみ》に使《つか》うことのできる分量《ぶんりょう》のことをいいます。

パクル

誰《だれ》かのアイデアやデザインを勝手《かって》にまねする……というのではありません。アニメの収録《しゅうろく》などで、しゃべりが早《はや》すぎて、キャラクターの口《くち》の動《うご》きが余《あま》ってしまうことをいいます。

ロケハン

ロケーション・ハンティングの略《りゃく》です。屋外《おくがい》で撮影《さつえい》をする（ロケ）時《とき》に、事前《じぜん》に現地《げんち》に行《い》って下見《したみ》をすることをいいます。

わらう

テレビ業界《ぎょうかい》で、「ものをどかす」「片付《かたづ》ける」の意味《いみ》です。「その道具《どうぐ》わらっといて」と言《い》われても、道具《どうぐ》に向《む》かって笑《わら》うわけではありません。

2章《しょう》

びっくり!
仕《し》事《ごと》のおどろき

宇《う》宙《ちゅう》飛《ひ》行《こう》士《し》はおむつをはいている!

びっくり! 仕事のおどろき

国際宇宙《こくさいうちゅう》ステーション（ISS）などで働《はたら》く宇宙飛行士《うちゅうひこうし》。とてもかっこいいですよね。そんな宇宙飛行士《うちゅうひこうし》ですが、じつは宇宙服《うちゅうふく》の下《した》にはおむつをはいています。

宇宙飛行士《うちゅうひこうし》が宇宙《うちゅう》ステーションなどから外《そと》に出《で》て、宇宙空間《うちゅうくうかん》で作業《さぎょう》を行《おこな》うことを船外活《せんがいかつ》動《どう》といいます。船外活動《せんがいかつどう》のため、宇宙服《うちゅうふく》を着《き》て宇宙空間《うちゅうくうかん》に出《で》るとしばらくはトイレに行《い》けなくなります。長《なが》い時《とき》は10時間《じかん》も船外活動《せんがいかつどう》をすることがあるそうです。そのため、宇宙服《うちゅうふく》を着《き》る時《とき》は必《かなら》ずおむつをはいているのです。

ちなみに、宇宙《うちゅう》ステーションにあるトイレは、地上《ちじょう》のトイレのように水《みず》を使《つか》うことができないため、空気《くうき》の流《なが》れで尿《にょう》や便《べん》を吸《す》い込《こ》む仕組《しく》みになっています。

なんと

宇宙空間《うちゅうくうかん》ではトイレに行《い》けない。

動《どう》物《ぶつ》園《えん》の飼《し》育《いく》員《いん》は動《どう》物《ぶつ》のウンチで体《たい》調《ちょう》を見《み》分《わ》けている！

動物園《どうぶつえん》には、生活場所《せいかつばしょ》も食《た》べるエサも違《ちが》う、たくさんの動物《どうぶつ》たちがいます。動物園《どうぶつえん》の飼育《しいく》員《いん》は、動物《どうぶつ》たちが元気《げんき》でいられるように、健《けん》康管理《こうかんり》に気《き》をつけています。

飼育員《しいくいん》の大切《たいせつ》な仕事《しごと》のひとつは動物《どうぶつ》たちが暮《く》らす動物舎《どうぶつしゃ》の掃除《そうじ》ですが、この時《とき》にエサの食《た》べ残《のこ》しがないか、ウンチの状態《じょうたい》はどうかをチェックします。エサを残《のこ》している場合《ばあい》、体《たい》調《ちょう》が悪《わる》いのかもしれません。また、体調《たいちょう》に何《なに》も問題《もんだい》がない時《とき》は、エサがきちんと消化《しょうか》されたいいウンチが出《で》ますが、体調《たいちょう》に何《なに》か問題《もんだい》がある時《とき》はいいウンチが出《で》ません。

飼育員《しいくいん》は動物《どうぶつ》のウンチを確認《かくにん》して、動物《どうぶつ》の体《たい》調《ちょう》を見分《みわ》けています。そして体調《たいちょう》が悪《わる》い時《とき》は、獣医師《じゅういし》に見《み》てもらうなどの対応《たいおう》をしています。

じつは 体調《たいちょう》が悪《わる》いと、いいウンチが出《で》ない。

オーケストラの楽器奏者《がっきそうしゃ》

は出番《でばん》が多《おお》くても少《すく》なくても給料《きゅうりょう》が同《おな》じ！

オーケストラはたくさんの楽器《がっき》で構成《こうせい》されます。バイオリン、チェロ、フルート、トロンボーン、ティンパニなど楽器《がっき》はさまざま。

なかでも、バイオリンなどはたくさんの音《ね》色《いろ》を出《だ》して演奏《えんそう》するので、1曲《きょく》の中《なか》で演奏《えんそう》する時間《じかん》が多《おお》くあります。しかし、なかには比《ひ》較的《かくてき》出番《でばん》の少《すく》ない楽器《がっき》もあります。

たとえばシンバルは、1曲《きょく》のうち、音《おと》を鳴《な》らすのは1回《かい》だけという場合《ばあい》もあります。それでも、オーケストラの中《なか》で出番《でばん》の多《おお》いバイオリン奏者《そうしゃ》と、出番《でばん》の少《すく》ないシンバル奏者《そうしゃ》の給料《きゅうりょう》は同《おな》じです。

オーケストラの団員《だんいん》は会社員《かいしゃいん》と同《おな》じように、月《つき》の基本給《きほんきゅう》が決《き》まっています。ですから、どの楽器《がっき》でも月《つき》の給料《きゅうりょう》は変《か》わらないのです（※）。

ちなみに

どの楽器《がっき》の人《ひと》でも基本給《きほんきゅう》は同《おな》じ。

※コンサートマスター（演奏者《えんそうしゃ》のリーダー）や首席奏者《しゅせきそうしゃ》（各楽器《かくがっき》のリーダー）を除《のぞ》く

警《けい》察《さつ》官《かん》

は

どしゃぶりに
なっても
傘《かさ》をささない！

警察官《けいさつかん》は雨《あめ》がふっても傘《かさ》をさしません。雨《あめ》の日《ひ》はおもに雨《あま》がっぱを着《き》ます。これは、傘《かさ》をさして手《て》がふさがることを避《さ》けるためです。

警察官《けいさつかん》が町《まち》にいる時《とき》は、何《なに》かの仕事《しごと》をしている時《とき》です。たとえば交通整理《こうつうせいり》をしている時《とき》、傘《かさ》をさしながらでは、傘《かさ》がじゃまになりますね。車《くるま》に乗《の》っている人《ひと》も、傘《かさ》にまどわされてしまうかもしれません。仕事中《しごとちゅう》、何《なに》かあった時《とき》にとっさに両手《りょうて》が使《つか》えるように、傘《かさ》を持《も》っていないほうがいいのです。

ちなみに、事件《じけん》を捜査《そうさ》する私服《しふく》の刑事《けいじ》は、傘《かさ》をさすことがあります。

警察官《けいさつかん》のほか、自衛官《じえいかん》も傘《かさ》をさしません。自衛官《じえいかん》も、何《なに》かあった時《とき》にとっさに両手《りょうて》が使《つか》えたほうがいいためです。

じつは 何《なに》かあった時《とき》に両手《りょうて》が使《つか》えるように。

パイロットは飛《ひ》行《こう》機《き》の機《き》種《しゅ》ごとにライセンスが必《ひつ》要《よう》!

大《おお》きな旅客機《りょかくき》を操縦《そうじゅう》するパイロット。かっこいいですよね。

旅客機《りょかくき》のパイロットは、操縦《そうじゅう》する飛行機《ひこうき》の機種《きしゅ》ごとにライセンス（操縦資格《そうじゅうしかく》）を取《と》る必要《ひつよう》があります。たとえばボーイング737のライセンスを持《も》っていても、同《おな》じ会社《かいしゃ》の機種《きしゅ》のボーイング787を操縦《そうじゅう》することはできません。ボーイング787用《よう》のライセンスを取《と》る必要《ひつよう》があるのです。もちろん他《ほか》の会社《かいしゃ》の機種《きしゅ》も乗《の》れません。旅客機《りょかくき》は自動車《じどうしゃ》と違《ちが》って、機種《きしゅ》によって操作方法《そうさほうほう》が異《こと》なるので、その機種《きしゅ》のライセンスを取《と》らないといけないのです（※）。

もっとも、旅客機《りょかくき》のパイロットは、基本的《きほんてき》には1つの機種《きしゅ》に乗《の》り続《つづ》けることが多《おお》いようです。操縦《そうじゅう》ミスを防《ふせ》ぐためです。

じつは 旅客機《りょかくき》は機種《きしゅ》で操作方法《そうさほうほう》が違《ちが》う。

※条件《じょうけん》を満《み》たせば、2機種《きしゅ》の操縦《そうじゅう》が認《みと》められる制度《せいど》もあります（MFF制度《せいど》）

高速《こうそく》バスの運転手《うんてんしゅ》はバスに秘密基地《ひみつきち》をもっている！

深夜《しんや》に片道《かたみち》400km以上《いじょう》の長距離《ちょうきょり》を走《はし》る高速《こうそく》バスは、運転手《うんてんしゅ》が2人体制《ふたりたいせい》で運行《うんこう》しています。1人《ひとり》だけでの長時間運転《ちょうじかんうんてん》は疲《つか》れるので、事故《じこ》を防《ふせ》ぐために、2時間《じかん》ごとに交代《こうたい》して運転《うんてん》する決《き》まりなのです。

また、長距離高速《ちょうきょりこうそく》バスには、運転手《うんてんしゅ》が休《やす》む仮眠室《かみんしつ》のあるバスもあります。バスによって仮眠室《かみんしつ》の場所《ばしょ》は違《ちが》いますが、床下《ゆかした》にある場合《ばあい》が多《おお》いです。大人1人《おとなひとり》が横《よこ》になって十分《じゅうぶん》に休《やす》めるベッドが置《お》かれ、エアコンもあって快適《かいてき》です。出入《でい》り口《ぐち》は、バスの中《なか》からと、バスの外《そと》からの2カ所《しょ》あります。

あまり知《し》られていない長距離《ちょうきょり》バスの仮眠室《かみんしつ》は、運転手《うんてんしゅ》の秘密基地《ひみつきち》ですね。

じつは 長距離《ちょうきょり》バスの運転《うんてん》では休息《きゅうそく》が大事《だいじ》。

※仮眠室《かみんしつ》は休憩時間《きゅうけいじかん》に使《つか》います。走行中《そうこうちゅう》には使《つか》いません

140年《ねん》続《つづ》けても終《お》わらない建《けん》築《ちく》の仕《し》事《ごと》

があるし！

スペインのバルセロナに「サグラダ・ファミリア」という建築中《けんちくちゅう》の教会《きょうかい》があります。

この教会《きょうかい》の建物《たてもの》は、アントニ・ガウディという建築家《けんちくか》が設計《せっけい》したもの。1882年《ねん》に工事《こうじ》が始《はじ》められ、今《いま》まで140年以上《ねんいじょう》も続《つづ》けられているのに、まだ完成《かんせい》していません。

その理由《りゆう》は、ガウディ自身《じしん》が設計《せっけい》をいろいろと変更《へんこう》したり、設計図《せっけいず》が燃《も》えてなくなってしまったりして、建築《けんちく》が順調《じゅんちょう》に進《すす》まなかったからです。それでも、残《のこ》されたわずかな資料《しりょう》などを元《もと》に建築《けんちく》が続《つづ》けられています。

最近《さいきん》、ようやく完成《かんせい》の見込《みこ》みが発表《はっぴょう》されました。メインのタワーは2026年《ねん》に完成予《かんせいよ》定《てい》、教会全体《きょうかいぜんたい》の完成《かんせい》は2034年《ねん》ごろになるそうです。

正式名称《せいしきめいしょう》は、
「聖家族贖罪教会《せいかぞくしょくざいきょうかい》」。
日本《にほん》では「聖家族教会《せいかぞくきょうかい》」と
呼《よ》ばれることもあります。

じつは

最近《さいきん》、完成《かんせい》の見込《みこ》みが発表《はっぴょう》された。

小学校《しょうがっこう》の先生《せんせい》は免許《めんきょ》がいる

大学教授《だいがくきょうじゅ》はいらない！

小学校《しょうがっこう》の先生《せんせい》になるには教員免許《きょういんめんきょ》が必要《ひつよう》です。教員免許《きょういんめんきょ》は、大学《だいがく》や短大《たんだい》に行《い》って必要《ひつよう》な授業《じゅぎょう》（単位《たんい》）を取《と》り、卒業《そつぎょう》すればもらえます。教員免許《きょういんめんきょ》は小学校《しょうがっこう》の先生《せんせい》だけでなく、幼稚園《ようちえん》、中学校《ちゅうがっこう》、高校《こうこう》の先生《せんせい》にも必要《ひつよう》です。

それに対《たい》して、大学《だいがく》の教授《きょうじゅ》になるには、教員免許《きょういんめんきょ》は必要《ひつよう》ありません。といっても、免許《めんきょ》がないから誰《だれ》でも簡単《かんたん》になれるかといえば、そうではありません。

大学《だいがく》の教授《きょうじゅ》は博士号《はくしごう》を持《も》っている人《ひと》が多《おお》くいます。博士号《はくしごう》は、大学《だいがく》を卒業《そつぎょう》した後《あと》、大学院《だいがくいん》に進《すす》んで何年《なんねん》も研究《けんきゅう》を続《つづ》けてやっと取《と》れるものです。博士号《はくしごう》を取《と》ること自体《じたい》がとても難《むずか》しいので、大学《だいがく》の教授《きょうじゅ》になるのは難《むずか》しいのです。

けれども
教授《きょうじゅ》になるのは難《むずか》しい。

遠《えん》洋《よう》マグロ漁《りょう》の漁《りょう》師《し》は

10カ月《げつ》も家《いえ》に帰《かえ》れない！

びっくり！仕事のおどろき

日本《にほん》から遠《とお》く離《はな》れた大西洋《たいせいよう》、地中海《ちちゅうかい》、太平《たいへい》洋《よう》、インド洋《よう》など世界中《せかいじゅう》の海《うみ》に出《で》て、マグロをとってくる漁《りょう》を遠洋《えんよう》マグロ漁《りょう》といいます。

遠洋《えんよう》マグロ漁《りょう》は一度《いちど》漁《りょう》に出《で》ると、10カ月《げつ》ほど漁《りょう》を続《つづ》けるのが一般的《いっぱんてき》で、日本《にほん》の自分《じぶん》の家《いえ》で暮《く》らせるのは1年《ねん》のうち2カ月《げつ》ほどです。

日本《にほん》を離《はな》れて、家族《かぞく》とも離《はな》れて大変《たいへん》な仕事《しごと》ですが、お金《かね》はたまりやすいです。なぜなら、ずっと船《ふね》にいるのでお金《かね》を使《つか》うところがないからです。時々《ときどき》、外国《がいこく》の港《みなと》に立《た》ち寄《よ》った時《とき》ぐらいしかお金《かね》は使《つか》いません。

昔《むかし》は遠《とお》くの海《うみ》から日本《にほん》の家族《かぞく》に連絡《れんらく》することはほぼ無理《むり》でしたが、最近《さいきん》はインターネット通信《つうしん》ができる船《ふね》が増《ふ》えていて、家族《かぞく》とのコミュニケーションが可能《かのう》になっています。

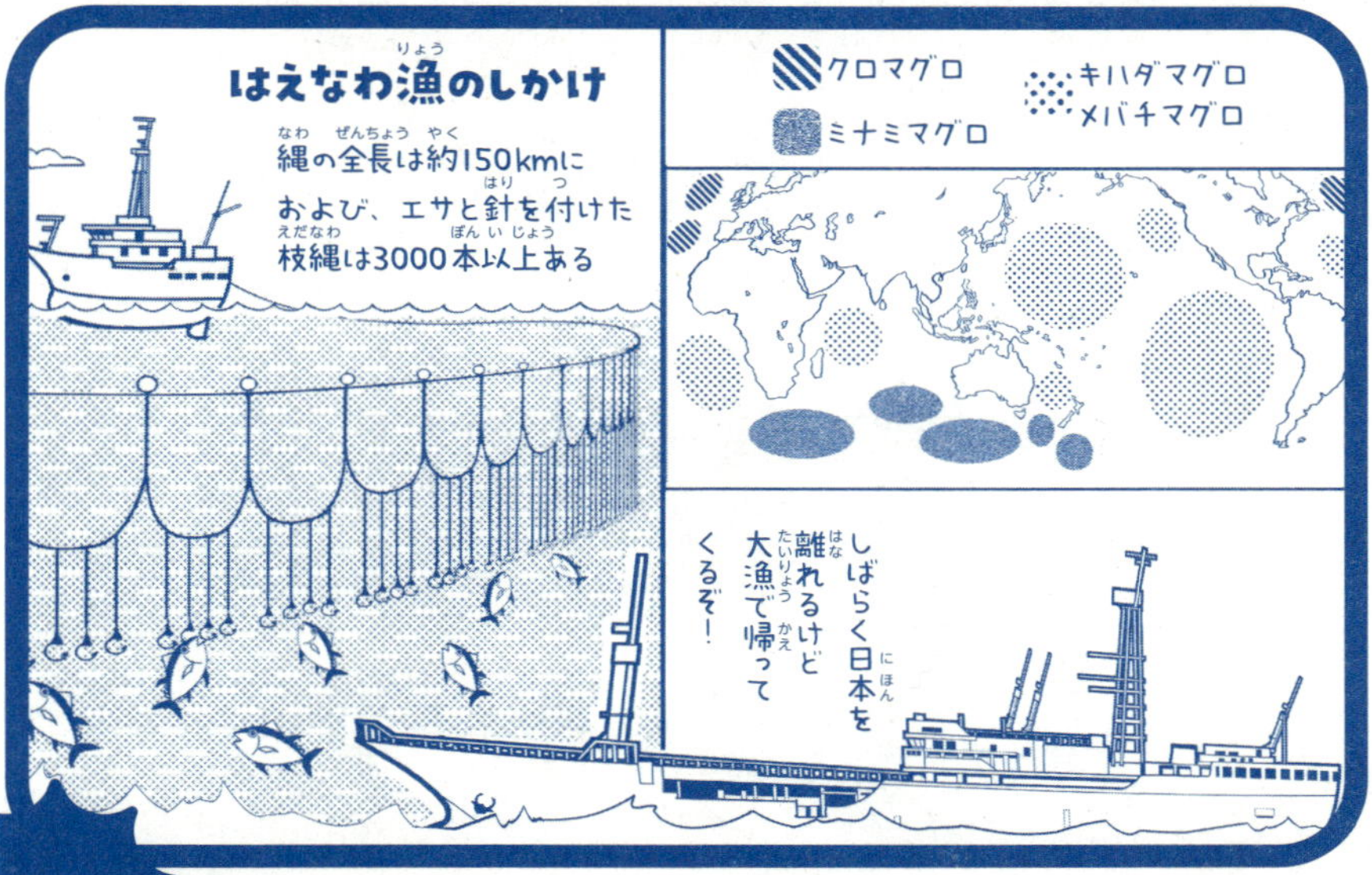

なんと 家族《かぞく》と離《はな》れ、世界中《せかいじゅう》の海《うみ》で漁《りょう》をする。

コンピュータープログラマーは約《やく》200年《ねん》前《まえ》に生《う》まれた！

コンピューターに「この仕事《しごと》をしなさい」と指示《しじ》を与《あた》えることがプログラミングです。世界《せかい》で初《はじ》めてプログラミングを行《おこな》ったのは、1840年《ねん》ごろ、イギリスのエイダ・ラブレスという女性《じょせい》だといわれています。

当時《とうじ》は現代《げんだい》のようなコンピューターはまだありませんでした。エイダの数学《すうがく》の先生《せんせい》であるチャールズ・バベッジが、歯車《はぐるま》を組《く》み合《あ》わせて自動計算《じどうけいさん》ができる機械《きかい》を考《かんが》えつき、それを「解析機関《かいせききかん》」とよびました。

エイダはその解析機関《かいせききかん》の訳注《やくちゅう》（取扱説明書《とりあつかいせつめいしょ》のようなもの）を書《か》きました。エイダはこの機械《きかい》に命令《めいれい》を書《か》き込《こ》むことで、計算以上《けいさんいじょう》のこともできるようになると考《かんが》えたのです。つまり、プログラミングの基本《きほん》を考《かんが》え出《だ》したのです。

1980年《ねん》にアメリカ国防省《こくぼうしょう》が開発《かいはつ》したコンピューターのプログラミング言語《げんご》は「エイダ」と名付《なづ》けられた。

じつは **プログラミングの基本《きほん》を考《かんが》え出《だ》した。**

ペットフードをつくる仕《し》事《ごと》は味《あじ》見《み》をすることもある！

びっくり！仕事のおどろき

イヌやネコなどに与《あた》えるペットフード。味《あじ》やにおい、形《かたち》、食感《しょっかん》、栄養《えいよう》やカロリーなどを考《かんが》えて、獣医師《じゅういし》や栄養士《えいようし》の資格《しかく》を持《も》った人《ひと》などが開発《かいはつ》に携《たずさ》わって作《つく》っています。

試作品《しさくひん》は実際《じっさい》にイヌやネコなどに食《た》べさせたり、開発者自身《かいはつしゃじしん》が食《た》べたりします。人間《にんげん》がおいしいと感《かん》じる味付《あじつ》けはイヌやネコにとっては濃《こ》すぎるので、ペットフードは薄味《うすあじ》です。

ところで、人《ひと》が味見《あじみ》をしているなら、ペットフードは私《わたし》たちが食《た》べても大丈夫《だいじょうぶ》なのでしょうか？　それはおすすめしません。すべてのペットフードが人間《にんげん》が味見《あじみ》をして作《つく》られているとは限《かぎ》りませんし、人間《にんげん》の食品《しょくひん》の基準《きじゅん》とペットフードの基準《きじゅん》では、使《つか》っていい材料《ざいりょう》などが異《こと》なっているからです。

ちなみに ペットフードは人間《にんげん》には薄味《うすあじ》。

業界用語《ぎょうかいようご》がわかると 仕事《しごと》もわかる？

お仕事言葉辞典《しごとことばじてん》 2

30〜32ページに続《つづ》いて、
その仕事《しごと》ならではの
特別《とくべつ》な言葉《ことば》（業界用語《ぎょうかいようご》）を
いくつか紹介《しょうかい》します。

警《けい》察《さつ》官《かん》

落《お》ちる

事件《じけん》の容疑者《ようぎしゃ》が、罪《つみ》を認《みと》めて、自分《じぶん》がやったことを告白《こくはく》することをいいます。完全《かんぜん》に罪《つみ》を認《みと》めることを「完落《かんお》ち」、まだ何《なに》か重要《じゅうよう》なことをかくしていることを「半《はん》落《お》ち」というそうです。

おみや

お土産《みやげ》や神社《じんじゃ》のこと……ではありません。事件《じけん》の犯人《はんにん》をつかまえることができず、解決《かいけつ》の見込《みこ》みがないことをいう言葉《ことば》です。「迷宮入《めいきゅうい》り」ともいいます。

げそこん

下足痕《げそこん》と書《か》きます。事件現場《じけんげんば》に残《のこ》された足跡《あしあと》のことです。特殊《とくしゅ》な樹脂《じゅし》などを使《つか》って、足跡《あしあと》の型《かた》をとり、事件《じけん》の捜査《そうさ》に役《やく》立《だ》てます。

ごんべん

「詐欺《さぎ》」のことをいいます。「詐」の字《じ》にごんべん（言）がつくので、こういわれています。ちなみに、汚職事件《おしょくじけん》は「汚」の字《じ》にさんずい（氵）がついているので、「さんずい」といいます。

地取《じど》り

事件《じけん》の現場《げんば》周辺《しゅうへん》で行《おこな》う聞《き》き込《こ》み捜査《そうさ》のことをいいます。一方《いっぽう》、事件《じけん》の関係者《かんけいしゃ》に話《はなし》を聞《き》くことを「鑑《かん》取《ど》り」といいます。

デカ

刑事《けいじ》のこと。警察《けいさつ》ができたばかりのころ、刑事《けいじ》は「角袖《かくそで》」という和服《わふく》を着《き》ていて、「カクソデ」がいつの間《ま》にか「デカ」とよばれるようになったといわれています。

ちなみに、刑事《けいじ》とは「刑事巡査《けいじじゅんさ》」の略《りゃく》で、警察《けいさつ》の中《なか》でも、事件《じけん》を捜査《そうさ》する人《ひと》のことをいいます。警察官《けいさつかん》にもいろいろな仕事《しごと》があり、みんなが刑事《けいじ》とよばれるわけではありません。

ばんかけ

パトロール中《ちゅう》の警察《けいさつ》官《かん》が、怪《あや》しい人《ひと》に職《しょく》務質問《むしつもん》することです。

曖気《あいき》

なんだか難《むずか》しい言葉《ことば》ですね。これは、胃《い》の中《なか》にたまったガスが口《くち》などから出《で》る現《げん》象《しょう》のことを指《さ》す言葉《ことば》、つまり、げっぷのこと。

明《あ》け

夜勤明《やきんあ》けのことです。病気《びょうき》やけがはいつ起《お》きるかわかりません。また、入院《にゅういん》している患者《かんじゃ》さんの容体《ようだい》が夜《よる》に変《か》わることもあります。

こうしたことに対応《たいおう》するために、夜《よる》の時《じ》間《かん》も働《はたら》いている医師《いし》や看護師《かんごし》がいます。

アッペ

急性虫垂炎《きゅうせいちゅうすいえん》のことです。一般《いっぱん》にはよく「もうちょう」といわれます。

オペ

手術《しゅじゅつ》のことです。英《えい》語《ご》でオペレーションというのを略《りゃく》してこういいます。

カルテ

医師《いし》が、患者《かんじゃ》さんの状態《じょうたい》などを記録《きろく》するもの。

ドイツ語《ご》です。昔《むかし》、西《せい》洋医学《よういがく》をドイツから学《まな》んだ名残《なごり》です。ちなみに、最近《さいきん》では電《でん》子《し》カルテが普及《ふきゅう》しています。

カンファレンス

医師《いし》や看護師《かんごし》が集《あつ》まって、患者《かんじゃ》さんの治療方法《ちりょうほうほう》や手術《しゅじゅつ》の内《ない》容《よう》、看護方法《かんごほうほう》などを確認《かくにん》しあうことをいいます。

バイタルサイン

日本語《にほんご》に訳《やく》すと生命《せいめい》兆候《ちょうこう》。ちょっと意味《いみ》がわかりませんね。

体温《たいおん》や呼吸数《こきゅうすう》、脈拍《みゃくはく》、血圧《けつあつ》など、患者《かんじゃ》さんの生命活動《せいめいかつどう》や健康状態《けんこうじょうたい》を示《しめ》す指標《しひょう》のことです。

ユーチューバー

アカウント

自分《じぶん》の情報《じょうほう》を入力《にゅうりょく》して作《つく》った、自分専用《じぶんせんよう》のページのことです。

案件《あんけん》

おもに企業《きぎょう》から依頼《いらい》された、タイアップなどの企画《きかく》のことです。登録者数《とうろくしゃすう》が多《おお》くて影響力《えいきょうりょく》のあるユーチューバーに依頼《いらい》することが多《おお》いです。

オフコラボ

オフラインコラボのことで、ネット上《じょう》ではなく、ユーチューバー同士《どうし》が実際《じっさい》に会《あ》って共同《きょうどう》で番組《ばんぐみ》を配信《はいしん》(コラボ)することです。

サブスクライブ

ユーチューバーのチャンネルを登録《とうろく》することです。

サブチャンネル

ユーチューバーがメインのチャンネルとは別《べつ》に作《つく》ったアカウントのことです。メインとは違《ちが》う種類《しゅるい》の番組《ばんぐみ》を配信《はいしん》することが多《おお》いです。

魂《たましい》

Vチューバーで、アバターをかぶっている演《えん》者本人《じゃほんにん》のことをいいます。「中《なか》の人《ひと》」ともよばれます。

BAN(バン)

もともとは「禁止《きんし》する」という意味《いみ》。アカウントがユーチューブの運営者《うんえいしゃ》によって凍結《とうけつ》・削除《さくじょ》されることです。何《なに》か社会的《しゃかいてき》に大《おお》きな問題《もんだい》を起《お》こした場合《ばあい》などにBANされることが多《おお》いです。

Eスポーツ

ウルト

ゲームで使《つか》うキャラクターの必殺技《ひっさつわざ》のこと。アルティメット(Ultimate)の略《りゃく》です。

OP

ゲームの中《なか》で、オーバーパワー(強《つよ》すぎる)キャラや武器《ぶき》のこと。あまりに強《つよ》すぎるとゲームのバランスを壊《こわ》してしまうので、開《かい》発会社《はっがいしゃ》によって弱《よわ》く調整《ちょうせい》されることがあります。この開発会《かいはつがい》社《しゃ》の調整《ちょうせい》のことを「ナーフ」といいます。

キャリー

チームを勝利《しょうり》に導《みちび》くような活躍《かつやく》をすること、あるいは活躍《かつやく》した人《ひと》のことをいいます。

GG

GOOD GAME（グッドゲーム）の略《りゃく》。ゲームが終《お》わった後《あと》のチャットで、対戦《たいせん》相手《あいて》と健闘《けんとう》をたたえあう時《とき》や、味方《みかた》をねぎらう意味《いみ》で、メッセージとともにGGと打《う》ちます。

ゲーム制作《せいさく》

アルゴリズム

もとは「問題《もんだい》を解決《かいけつ》する手段《しゅだん》、手順《てじゅん》」というような意味《いみ》。ゲームでは、「敵《てき》を攻《こう》撃《げき》したときに攻撃《こうげき》が当《あ》たった場合《ばあい》はどうなるか、当《あ》たらなかった場合《ばあい》はどうなるか」といった処理《しょり》の手順《てじゅん》のことをいいます。

デバッグ

ゲームのプログラムの不具合《ふぐあい》（バグ）を取《と》り除《のぞ》いて修正《しゅうせい》することです。ゲームが発売《はつばい》されたり配信《はいしん》されたりする前《まえ》には、デバッグをするデバッガーという人《ひと》たちが、徹底的《てっていてき》にゲームに間違《まちが》いがないかを確認《かくにん》しています。

バグ

ゲームプログラムの不《ふ》具合《ぐあい》のことです。バグとは英語《えいご》で「虫《むし》」のこと。ずっと昔《むかし》、アメリカで開発《かいはつ》された初期《しょき》のコンピューターの故障《こしょう》の原因《げんいん》が、コンピューターに入《はい》り込《こ》んだ虫《むし》だったことが由来《ゆらい》です。

プラットフォーム

そのゲームをするためのゲーム機《き》やスマホのOSなどのことです。

メタバース

インターネット上《じょう》に作《つく》られた、大勢《おおぜい》が参《さん》加《か》する仮想空間《かそうくうかん》のこと。メタバースを使《つか》ったゲームでは、まるで自分《じぶん》がその世界《せかい》に住《す》んでいるかのように感《かん》じながらプレイすることができます。

モーションキャプチャー

ゲームのキャラクターなどの動《うご》きを作《つく》るために、人《ひと》や動物《どうぶつ》の動《うご》きをデータで取《と》り込《こ》むこと。

交《こう》通《つう》

面《おも》かじ

進行方向右《しんこうほうこうみぎ》に船《ふね》のかじを切《き》ることです。反対《はんたい》に、左《ひだり》にかじを切《き》ることを「取《とり》かじ」といいます。

ギャング

貨物船《かもつせん》の荷物《にもつ》などを、船《ふね》に入《はい》って積《つ》み下《お》ろす作業員《さぎょういん》のチームをこういいます。

パイロット

飛行機《ひこうき》では、操縦士《そうじゅうし》のことですが、もともとは船《ふね》に関《かん》する言葉《ことば》で、水先案内人《みずさきあんないにん》のことをいいます。水先案内人《みずさきあんないにん》は、船長《せんちょう》や乗組員《のりくみいん》に安全《あんぜん》な航路《こうろ》をアドバイスするのが仕事《しごと》です。船《ふね》の航行《こうこう》の安全《あんぜん》を守《まも》る大切《たいせつ》な役割《やくわり》です。

ようそろ

船《ふね》が今進《いますす》んでいる方向《ほうこう》で問題無《もんだいな》いのでそのまま進《すす》め、という意味《いみ》の言葉《ことば》です。

エプロン

料理《りょうり》をする時《とき》などにつけるもの……ではありません。飛行機《ひこうき》が出発前《しゅっぱつまえ》に待機《たいき》する場所《ばしょ》のことをいいます。「ランプ」ともいいます。

シップ

英語《えいご》で「船《ふね》」のことですが、航空会社《こうくうがいしゃ》では飛行機《ひこうき》もシップとよびます。

スリーレターコード

空港《くうこう》の名前《なまえ》を表《あらわ》すアルファベット3文字《もじ》のことです。たとえば、東京国際空港《とうきょうこくさいくうこう》（羽田《はねだ》）はHND、関西国際空港《かんさいこくさいくうこう》はKIXと書《か》きます。

ウヤ

電車《でんしゃ》が運休《うんきゅう》することです。「運行休《うんこうやす》み」を略《りゃく》した言葉《ことば》です。

初電《しょでん》

その日《ひ》の一番目《いちばんめ》の電車《でんしゃ》のことです。一般《いっぱん》には、「始発《しはつ》」といいますね。

ダンゴ

電車《でんしゃ》が遅《おく》れていて、いくつもの電車《でんしゃ》の間隔《かんかく》が短《みじか》くなっている様子《ようす》を、団子《だんご》になぞらえて、こういいます。

身入《みい》り

列車《れっしゃ》にお客《きゃく》さんが乗《の》っていることをいいます。

3章《しょう》

ホント?
めずらしい仕《し》事《ごと》

2カ月《げつ》間《かん》寝《ね》ているだけの仕《し》事《ごと》がある！

ごろごろ寝《ね》ているだけでお金《かね》がもらえるなんて、楽《らく》でいいと思《おも》いませんか？　じつは以《い》前《ぜん》、そんな仕事《しごと》の募集《ぼしゅう》がありました。

「寝《ね》ている期間《きかん》は2カ月間《げつかん》で、もらえるお金《かね》は200万円《まんえん》！」

この募集《ぼしゅう》をしたのは、アメリカのNASA（アメリカ航空宇宙局《こうくううちゅうきょく》）です（※）。NASAは宇《う》宙開発《ちゅうかいはつ》や研究《けんきゅう》などを行《おこな》うアメリカの機関《きかん》です。

この仕事《しごと》の目的《もくてき》は、宇宙《うちゅう》のような無重力《むじゅうりょく》の世界《せかい》で、体《からだ》にどんな影響《えいきょう》が出《で》るのかを調《しら》べることでした。ずっと寝《ね》ている状態《じょうたい》だと、人《ひと》は体《からだ》のいろんな筋肉《きんにく》を使《つか》わないので、無重力《むじゅうりょく》の世界《せかい》にいるような状態《じょうたい》に近《ちか》づきます。そこで体《からだ》への影響《えいきょう》を調《しら》べるのです。

じつは 宇宙開発《うちゅうかいはつ》にとって必要《ひつよう》な仕事《しごと》だった。

※欧州宇宙機関《おうしゅううちゅうきかん》（ESA）も同様《どうよう》の募集《ぼしゅう》をしています

ひよこのオスとメスを見《み》分《わ》ける専《せん》門《もん》家《か》が

いる！

ホント？　めずらしい仕事

おとなのニワトリを見分《みわ》けるのは簡単《かんたん》です。トサカが大《おお》きいのはオス、小《ちい》さいのはメス。

でも、ニワトリのヒナのひよこは、オスもメスも見《み》た目《め》は一緒《いっしょ》。そんなひよこのオスとメスを見分《みわ》ける専門家《せんもんか》が、ひよこ鑑定士《かんていし》です。ひよこ鑑定士《かんていし》は、ひよこのおしりの穴《あな》の形《かたち》の違《ちが》いから、オスかメスかを見分《みわ》けていきます。ベテランになると、1時間《じかん》に1000羽《わ》以上《いじょう》を見分《みわ》けることができるそうです。

どうしてこんな仕事《しごと》があるのでしょう？

卵《たまご》を採《と》るための養鶏場《ようけいじょう》で必要《ひつよう》なのは、卵《たまご》を産《う》むメスです。見《み》た目《め》でオスかメスかがわかるまで育《そだ》てていくと、飼育場所《しいくばしょ》やエサ代《だい》が余《よ》計《けい》にかかります。ですから、ひよこの段階《だんかい》でメスだけにしておくのです。

じつは 卵《たまご》を産《う》むメスはヒナの時《とき》に選《えら》び出《だ》す。

南極《なんきょく》で1年《ねん》間《かん》、暮《く》らす仕《し》事《ごと》があるǃ

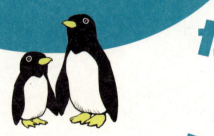

「南極観測隊《なんきょくかんそくたい》（南極地域観測隊《なんきょくちいきかんそくたい》）」は、南極《なんきょく》に行《い》って、南極《なんきょく》の気候《きこう》やオーロラの観測《かんそく》、動植物《どうしょくぶつ》の調査《ちょうさ》などを行《おこな》い、地球環境《ちきゅうかんきょう》の変化《へんか》などを研究《けんきゅう》するための情報《じょうほう》を集《あつ》めています。

日本《にほん》の主要基地《しゅようきち》である「昭和基地《しょうわきち》」を中心《ちゅうしん》に、毎年《まいとし》100人《にん》ほどが活動《かつどう》していて、夏《なつ》の4カ月間《げつかん》だけ活動《かつどう》する夏隊《なつたい》と、1年以上活動《ねんいじょうかつどう》する越冬隊《えっとうたい》に分《わ》かれています。

観測隊《かんそくたい》には研究《けんきゅう》や観測《かんそく》をする人《ひと》だけでなく、さまざまな人《ひと》がいます。基地《きち》の設備《せつび》や車両《しゃりょう》や機器《きき》を整備《せいび》する人《ひと》、通信《つうしん》に携《たずさ》わる人《ひと》、観測隊《かんそくたい》の健康《けんこう》を守《まも》る医者《いしゃ》や料理人《りょうりにん》もいます。

昭和基地《しょうわきち》の平均気温《へいきんきおん》は夏《なつ》でマイナス1度《ど》、冬《ふゆ》でマイナス20度《ど》。こうした厳《きび》しい環境《かんきょう》で南《なん》極観測隊《きょくかんそくたい》は活動《かつどう》しています。

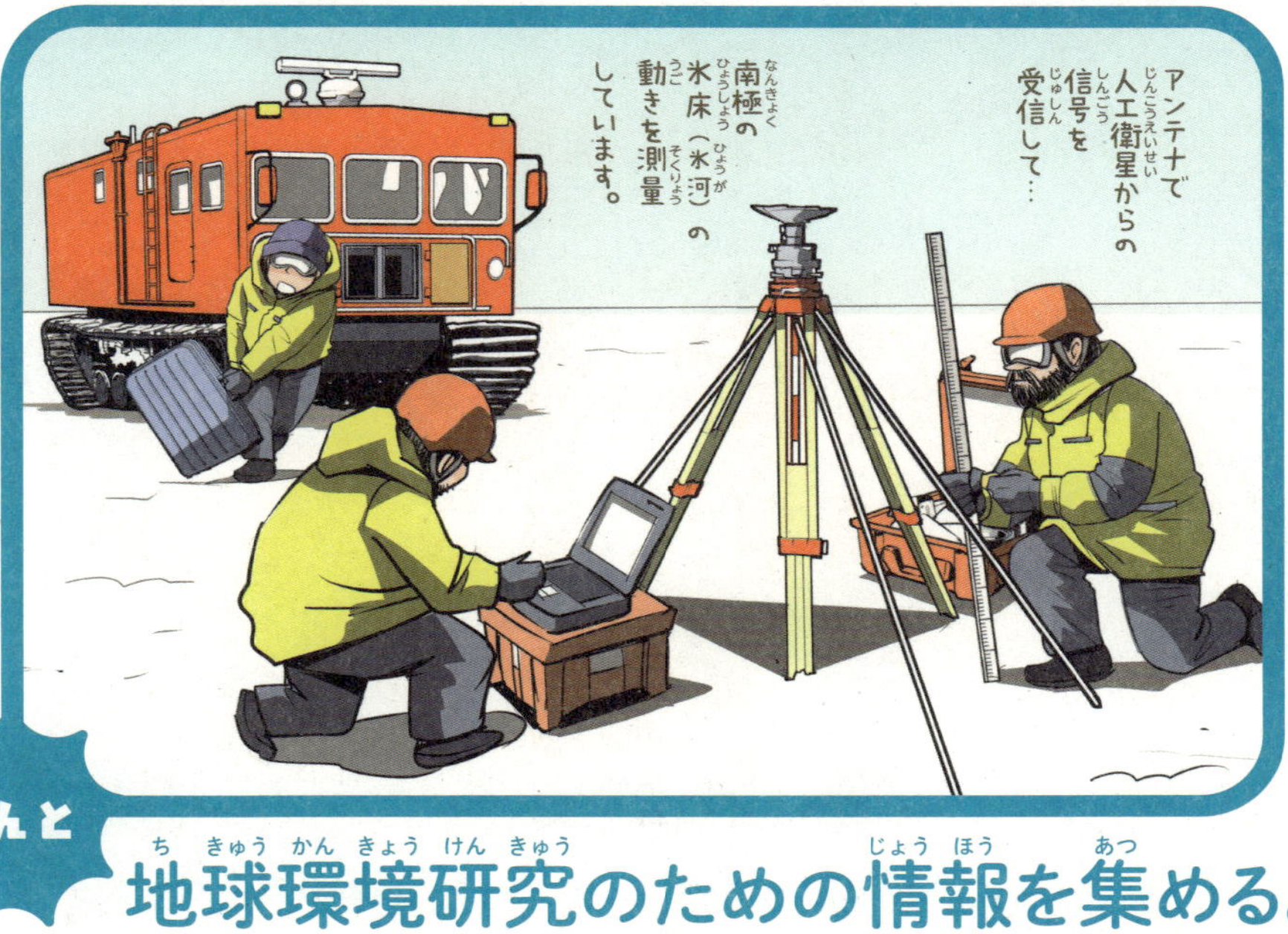
アンテナで人工衛星《じんこうえいせい》からの信号《しんごう》を受信《じゅしん》して…
南極《なんきょく》の氷床《ひょうしょう》（氷河《ひょうが》）の動《うご》きを測量《そくりょう》しています。

なんと

地球環境研究《ちきゅうかんきょうけんきゅう》のための情報《じょうほう》を集《あつ》める。

池《いけ》からゴルフボールを拾《ひろ》う仕《し》事《ごと》には専《せん》門《もん》家《か》がいる！

ゴルフ場《じょう》の中《なか》にはだいたい池《いけ》があります。コースの難《むずか》しさを高《たか》める障害物《しょうがいぶつ》の役割《やくわり》なので、ボールがたくさん打《う》ち込《こ》まれます。

池《いけ》に落《お》ちたボールはどんどんたまっていきますが、そのままにしておくと池《いけ》の環境《かんきょう》によくありません。そこで、ゴルフ場《じょう》の池《いけ》からボールを拾《ひろ》う専門家《せんもんか》がいます。潜水士《せんすいし》の免許《めんきょ》を持《も》ったゴルフボールダイバーとよばれる人《ひと》たちがゴルフ場《じょう》と契約《けいやく》して行《おこな》っています。

ゴルフボールダイバーはウェットスーツと酸素《さんそ》ボンベを装着《そうちゃく》して池《いけ》に潜《もぐ》ります。1回《かい》潜《もぐ》って数千個《すうせんこ》のボールを拾《ひろ》うこともあります。拾《ひろ》ったボールは引《ひ》き取《と》って、中古《ちゅうこ》のゴルフショップなどで売《う》ってお金《かね》に換《か》えます（※）。1球《きゅう》10円《えん》～100円《えん》ほどになるそうです。

ちなみに
潜水士《せんすいし》の免許《めんきょ》が必要《ひつよう》な仕事《しごと》。

※拾《ひろ》ったボールを勝手《かって》に売《う》ることはできません。

手《て》だけのモデルがいる!

テレビCMなどの広告《こうこく》では、食品《しょくひん》や日用《にちよう》品《ひん》、シャンプーや化粧品《けしょうひん》など、俳優《はいゆう》やタレントが出演《しゅつえん》して商品《しょうひん》のよさをアピールします。

CM中《ちゅう》に手《て》のアップのシーンが流《なが》れることがあります。実《じつ》はその手《て》は、CMに出演《しゅつえん》している俳優《はいゆう》やタレントの手《て》ではなく、手《て》の専門《せんもん》モデルの人《ひと》の手《て》に置《お》き換《か》えられていることがあります。こうしたモデルをパーツモデルといいます。足《あし》や目《め》などのパーツモデルもいます。

パーツモデルはパーツをきれいに保《たも》つための努力《どりょく》を普段《ふだん》からしています。手《て》のモデルなら、手荒《てあ》れやささくれなどがあってはいけません。日焼《ひや》けや傷《きず》から守《まも》るために手袋《てぶくろ》をしていたり、血管《けっかん》が浮《う》き出《で》ないように重《おも》たいものは持《も》たなかったりするそうです。

ほかにも

足《あし》や目《め》だけのモデルもいます。

演奏者《えんそうしゃ》に合《あ》わせて楽譜《がくふ》をめくる仕事《しごと》がある！

クラシック音楽《おんがく》のコンサートでは、バイオリンやフルートやピアノなど、いろんな楽器《がっき》が演奏《えんそう》されます。

　演奏者《えんそうしゃ》は、指揮者《しきしゃ》の指示《しじ》を見《み》ながら、目《め》の前《まえ》の楽譜《がくふ》をめくりながら演奏《えんそう》しますが、ピアノの場合《ばあい》、両手《りょうて》を使《つか》ってひとりで演奏《えんそう》するため、演奏者《えんそうしゃ》は楽譜《がくふ》をめくっているひまがありません。そこで、ピアノのそばに立《た》って楽譜《がくふ》をめくる人《ひと》が必要《ひつよう》になります。その人《ひと》の仕事《しごと》を「譜《ふ》めくり」といいます。

　楽譜《がくふ》をめくるだけと言《い》うと簡単《かんたん》そうですが、演奏《えんそう》の進《すす》み具合《ぐあい》を考《かんが》えてタイミングよくめくらなくてはいけません。もし間違《まちが》えて2枚《まい》めくってしまったら演奏《えんそう》が台無《だいな》しになってしまいます。簡単《かんたん》そうで難《むずか》しい仕事《しごと》です。

じつは　ピアノの演奏者《えんそうしゃ》には必要《ひつよう》な仕事《しごと》。

隕《いん》石《せき》ハンターという職《しょく》業《ぎょう》がある！

地球《ちきゅう》のどこかに隕石《いんせき》が落《お》ちたという情報《じょうほう》をつかむと、いちもくさんに駆《か》け付《つ》けて隕石《いんせき》を探《さが》す人《ひと》がいます。隕石《いんせき》ハンターとよばれる人《ひと》たちです。

隕石《いんせき》ハンターの目的《もくてき》は、めずらしい隕石《いんせき》を発見《はっけん》することです。めずらしい隕石《いんせき》は非常《ひじょう》に高《たか》い値段《ねだん》で売《う》れるからです。もし地元《じもと》の人《ひと》などが先《さき》に隕石《いんせき》を見《み》つけていたら、交渉《こうしょう》して買《か》い取《と》る場合《ばあい》もあります。

これまででいちばん高《たか》かったのは、2018年《ねん》にサハラ砂漠《さばく》で発見《はっけん》された、重《おも》さ13・5kgの隕石《いんせき》で、日本円《にほんえん》でなんと約《やく》3億円《おくえん》の価格《かかく》がつきました。

隕石《いんせき》の多《おお》くは、火星《かせい》と木星《もくせい》の間《あいだ》の小惑星帯《しょうわくせいたい》から、地球《ちきゅう》に向《む》かって飛《と》んできたものです。

じつは　とても高値《たかね》で取引《とりひき》されることもある。

木《き》の医《い》者《しゃ》という職《しょく》業《ぎょう》が

ある！

公園《こうえん》の木《き》や街路樹《がいろじゅ》、神社《じんじゃ》の御神木《ごしんぼく》、天然記念物《てんねんきねんぶつ》の木《き》など、いろんな木《き》の状態《じょうたい》を診断《しんだん》して、悪《わる》いところがあれば治療《ちりょう》する人《ひと》を「樹木医《じゅもくい》」といいます。

木《き》が弱《よわ》る原因《げんいん》はいろいろあります。たとえば木《き》が密《みつ》に生《は》えている時《とき》は、それぞれの木《き》に光《ひかり》が十分《じゅうぶん》に当《あ》たらないため弱《よわ》ります。木《き》の枝《えだ》や根《ね》を切《き》り過《す》ぎても弱《よわ》ります。虫《むし》がつくことや、土《つち》の環境《かんきょう》が悪《わる》くなることによっても木《き》は弱《よわ》ります。樹木医《じゅもくい》は木《き》が弱《よわ》っている原因《げんいん》が何《なに》かを見極《みきわ》めて、適切《てきせつ》な治療《ちりょう》を行《おこな》わなくてはなりません。

樹木医《じゅもくい》になるには、木《き》の保護《ほご》などの仕事《しごと》を5年《ねん》以上《いじょう》経験《けいけん》することが必要《ひつよう》です。その後《ご》、試験《しけん》を受《う》けて合格《ごうかく》すれば樹木医《じゅもくい》になれます。

細《ほそ》い針《はり》を樹木《じゅもく》にさして
どれくらいの
抵抗《ていこう》があるか調《しら》べるよ。
針《はり》の抵抗《ていこう》が少《すく》ない時《とき》は
木《き》の中《なか》がくさっていたり
空洞《くうどう》になっていたりするんだ。
まわりの土《つち》も調《しら》べるよ。

じつは 大切《たいせつ》な木《き》がかれないように守《まも》る仕事《しごと》。

地《ち》上《じょう》450mで窓《まど》ふきする仕《し》事《ごと》がある！

全長《ぜんちょう》634mの東京《とうきょう》スカイツリーには、見学者用《けんがくしゃよう》の展望台《てんぼうだい》が2カ所《しょ》あります。地上《ちじょう》350mの天望《てんぼう》デッキと、地上《ちじょう》450mの天望回廊《てんぼうかいろう》です。

この展望台《てんぼうだい》の窓《まど》ふき掃除《そうじ》をする仕事《しごと》があります。

1日《にち》2～3時間《じかん》、月《つき》に6～7日程度《かていど》ゴンドラに乗《の》って、作業《さぎょう》が行《おこな》われます。最高《さいこう》で地上《ちじょう》450mにあるゴンドラから身《み》を乗《の》り出《だ》して窓《まど》ふきをするという危険《きけん》な仕事《しごと》です。

風《かぜ》の強《つよ》い日《ひ》、雨《あめ》や雪《ゆき》の日《ひ》などは作業《さぎょう》は中止《ちゅうし》されます。また、どんな小《ちい》さなものでも、地上《ちじょう》450mから落《お》としてしまえば、大変《たいへん》な事故《じこ》につながってしまいます。そのため持《も》ち物《もの》にはすべてひもがつけられています。

お客《きゃく》さんとのコミュニケーションも楽《たの》しいよ。
わぁー！

じつは スカイツリーの展望台《てんぼうだい》の窓《まど》ふき。

くさいにおいを調《しら》べる専《せん》門《もん》家《か》がいる!

日本《にほん》には悪臭防止法《あくしゅうぼうしほう》という法律《ほうりつ》があります。工場《こうじょう》などから出《で》るにおいで、周《まわ》りの住民《じゅうみん》が困《こま》らないようにする法律《ほうりつ》です。もし、ある工場《こうじょう》から基準《きじゅん》を超《こ》えたくさいにおいが出《で》ている場合《ばあい》には、その工場《こうじょう》はにおいを抑《おさ》えたり、においが出《で》ないようにしたりする対策《たいさく》を取《と》らなくてはなりません。そうした時《とき》に、くさいにおいを調《しら》べる専門家《せんもんか》が臭気判定士《しゅうきはんていし》です。

臭気判定士《しゅうきはんていし》はくさいにおいがどこから出《で》ているのか、何《なに》が原因《げんいん》で出《で》ているのかを調《しら》べます。においの探偵《たんてい》のような仕事《しごと》です。

臭気判定士《しゅうきはんていし》は国家資格《こっかしかく》で、においに関《かん》する知識《ちしき》や分析《ぶんせき》など、試験《しけん》を受《う》けて合格《ごうかく》する必要《ひつよう》がありますが、特別《とくべつ》に鼻《はな》がいい必要《ひつよう》はなく、ふつうににおいがわかれば大丈夫《だいじょうぶ》です。

なんと においの出所《でどころ》や原因《げんいん》を調《しら》べる仕事《しごと》。

においを
組《く》み合《あ》わせる
調《ちょう》香《こう》師《し》
は
どんなにおいでも
作《つく》れる！

香水《こうすい》や石《せっ》けん、シャンプーなど、身《み》の回《まわ》りにはにおいのする商品《しょうひん》がたくさんあります。

これらは、さまざまな香料《こうりょう》を組《く》み合《あ》わせて作《つく》ります。たとえば、イチゴのにおいのするガムは、イチゴそのもののにおいは使《つか》っていません。そのにおいを作《つく》る人《ひと》たちを調香師《ちょうこうし》といいます。

においのもととなる基本的《きほんてき》な香料《こうりょう》は、数百《すうひゃく》から数千種類《すうせんしゅるい》もあります。調香師《ちょうこうし》はそれらを組《く》み合《あ》わせて、商品《しょうひん》にぴったりのにおいを作《つく》り出《だ》すのです。

調香師《ちょうこうし》には、においに敏感《びんかん》なだけでなく、基本的《きほんてき》な香料《こうりょう》をどう組《く》み合《あ》わせたらどんなにおいができるのかをイメージする想像力《そうぞうりょく》も必《ひつ》要《よう》です。

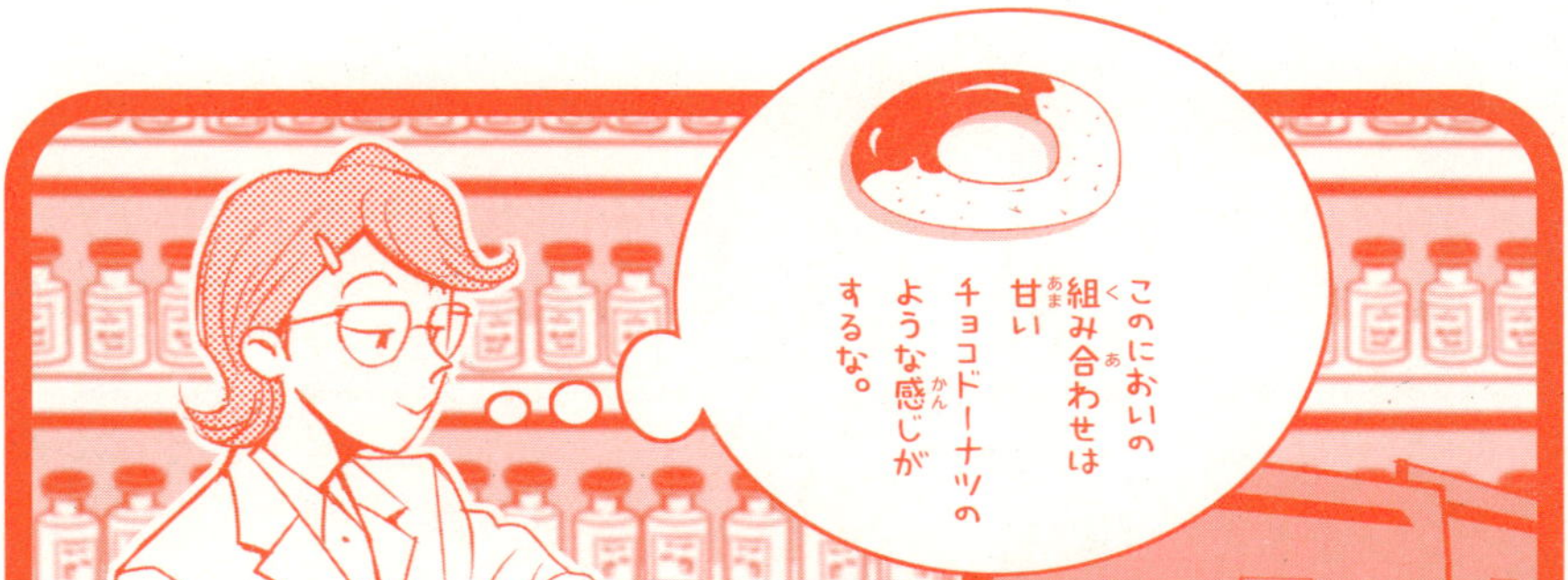

なんと 人工的《じんこうてき》にイチゴのにおいも作《つく》れる。

業界用語《ぎょうかいようご》がわかると　仕事《しごと》もわかる？

お仕《し》事《ごと》言《こと》葉《ば》辞《じ》典《てん》 3

業界用語辞典《ぎょうかいようごじてん》の３回目《かいめ》。
今回《こんかい》は農林水産業《のうりんすいさんぎょう》や
ビジネスにかんする
言葉《ことば》を紹介《しょうかい》します。

農業《のうぎょう》

石《こく》

「いし」ではなくて、「こく」。作物《さくもつ》の量《りょう》を表《あらわ》す単位《たんい》です。1石《こく》で約《やく》180リットル。米《こめ》だと約《やく》150kgになります。もともとは大人《おとな》1人《ひとり》が1年間《ねんかん》に食《た》べる米《こめ》の量《りょう》を1石《こく》としたといわれています。また、その土《と》地《ち》で取《と》れる米《こめ》の量《りょう》を石高《こくだか》といいました。江《え》戸《ど》時《じ》代《だい》、領《りょう》地《ち》の石《こく》高《だか》が1万石《まんごく》以《い》上《じょう》の武《ぶ》士《し》が大名《だいみょう》とよばれていました。

町《ちょう》

人《ひと》が住《す》む町《まち》ではなく、田《た》んぼや畑《はたけ》の面積《めんせき》の単位《たんい》です。1町《ちょう》は約《やく》1ヘクタール。1万《まん》㎡です。ほかに反《たん》という単位《たんい》があります。1反《たん》は約《やく》1000㎡、10反《たん》で1町《ちょう》になります。

ボケナス

ぼんやりしている人《ひと》などに言《い》う悪口《わるぐち》の言《こと》葉《ば》で、いい言葉《ことば》ではありませんね。ただ、もともとは色《いろ》の薄《うす》いナスのことをいう言葉《ことば》でした。

わせ

「早生《わせ》」と書《か》きます。たとえば同《おな》じ米《こめ》でも、ほかの品種《ひんしゅ》よりも早《はや》く実《み》ができる品種《ひんしゅ》のことをいいます。逆《ぎゃく》に、実《み》ができるのが遅《おそ》い品種《ひんしゅ》を「晩生《おくて》」といいます。

漁《ぎょ》業《ぎょう》

おかず

獲物《えもの》がほとんどとれないことをこういいます。「自分《じぶん》の家《いえ》のおかずにするくらいしか魚《さかな》がとれなかった」ということから生《う》まれた言《こと》葉《ば》だそうです。

サメツキ

漢字《かんじ》だと「鮫付《さめつ》き」。ジンベエザメに、群《むら》がって泳《およ》ぐカツオの群《む》れのことをいいます。ジンベエザメは体長《たいちょう》14mにもなる世界最《せかいさい》大《だい》の魚《さかな》ですが、プランクトンやイワシなどの小魚《こざかな》を食《た》べています。ジンベエザメに追《お》い立《た》てられた小《こ》魚《ざかな》をねらってそばに群《むら》がるのです。そのため、ジンベエザメを見《み》つけるとカツオの大漁《たいりょう》となるので、ジンベエザメのことを「ジンベエ様《さま》」とよぶ地域《ちいき》もあります。

トリツキ

漢字《かんじ》だと「鳥付《とりつ》き」。サメツキと違《ちが》って、これはカツオの群《む》れのほうに海鳥《うみどり》が群《むら》がっている状態《じょうたい》です。カツオだけでなく、マグロなどほかの魚《さかな》の群《む》れに群《むら》がる場合《ばあい》もあります。海鳥《うみどり》はカツオなどが追《お》い立《た》てた小魚《こざかな》を狙《ねら》っているのです。そのため、トリツキは、そこに魚《さかな》がいるという目印《めじるし》になっています。

ながれもの

海《うみ》に浮《う》かぶ漂着物《ひょうちゃくぶつ》のことをいいます。また、漂着物《ひょうちゃくぶつ》に群《むら》がる魚《さかな》たちのことを指《さ》す場合《ばあい》もあります。

林《りん》業《ぎょう》

枝《えだ》打《う》ち

木《き》の下《した》のほうの枝《えだ》を切《き》り落《お》とすことです。こうすることで、節《ふし》のないきれいな木材《もくざい》にすることができます。

玉切《たまぎ》り

切《き》った木《き》を、目的《もくてき》に応《おう》じて一定《いってい》の長《なが》さに切《き》り分《わ》けて丸太《まるた》にしていくことをいいます。

保育《ほいく》

木《き》を植《う》えてから、木《もく》材《ざい》にするために切《き》るまで、枝打《えだう》ちをしたり、周囲《しゅうい》の草木《くさき》を刈《か》り取《と》るなど木《き》が大《おお》きくなるまでの世話《せわ》のことをいいます。木《き》を、まるで子《こ》どものように大事《だいじ》に育《そだ》てていくのです。

ビジネス

アグリー

ビジネス用語《ようご》には英《えい》語《ご》が使《つか》われることが多《おお》いです。アグリーは、「同意《どうい》」という意味《いみ》。たとえば、「私《わたし》はその意見《いけん》にアグリーです」などと使《つか》います。

オンスケ

「オンスケジュール」の略《りゃく》で、予定《よてい》通《どお》りに仕事《しごと》が進《すす》んでいることをいいます。

コミット

どこかのテレビコマーシャルで聞《き》いたような言葉《ことば》ですね。コミットとは、英語《えいご》のコミットメントの略《りゃく》です。ある目標《もくひょう》を達成《たっせい》することを約束《やくそく》するといった時《とき》などに使《つか》われています。

ジャストアイデア

このように英語《えいご》で言《い》うとかっこよく聞《き》こえますが、意味《いみ》としては「ほんの思《おも》いつき」です。仕事《しごと》の企画《きかく》など深《ふか》く練《ね》れていない時《とき》に、話《はなし》を進《すす》めるためのとっかかりとして、「ジャストアイデアですが……」などと使《つか》うことが多《おお》いようです。

なるはや

ふだんの生活《せいかつ》でも使《つか》うことが多《おお》いのではないでしょうか。「なるべく早《はや》く」の略《りゃく》ですね。ちなみに、同《おな》じ意味《いみ》でASAP《アサップ》という、ちょっとかっこよく聞《き》こえる言葉《ことば》があります。英語《えいご》で「なるべく早《はや》く」の意味《いみ》の、「As Soon As Possible」の頭文字《かしらもじ》を取《と》った言葉《ことば》です。

4 章《しょう》

へえ！
仕《し》事《ごと》のなるほど

消《しょう》防《ぼう》士《し》の

防《ぼう》火《か》服《ふく》は1200度《ど》に40秒《びょう》も耐《た》えられる！

火災《かさい》の現場《げんば》で働《はたら》く消防士《しょうぼうし》は、燃《も》えにくい素《そ》材《ざい》で作《つく》られた防火服《ぼうかふく》を着《き》て消火作業《しょうかさぎょう》をします。防火服《ぼうかふく》は1200度《ど》の温度《おんど》の中《なか》に40秒間《びょうかん》いても燃《も》えずに耐《た》えられるほどの性能《せいのう》です。

1200度《ど》は、家《いえ》の天井《てんじょう》が燃《も》え落《お》ちるほどの大《おお》きな火災《かさい》が起《お》こった時《とき》に達《たっ》する温度《おんど》です。これほどの高温《こうおん》には人間自身《にんげんじしん》が耐《た》えられないので、実際《じっさい》に1200度《ど》に達《たっ》するような場所《ばしょ》で消防士《しょうぼうし》が消火作業《しょうかさぎょう》をすることはありませんが、この服《ふく》のおかげで、急《きゅう》に炎《ほのお》に襲《おそ》われた時《とき》でもやけどをせずに逃《に》げられます。

ちなみに、消防車《しょうぼうしゃ》もすごいです。一般的《いっぱんてき》な消防車《しょうぼうしゃ》で1分間《ぷんかん》に2000Lの水《みず》を放出《ほうしゅつ》し、20～30m先《さき》まで届《とど》かせることができるので、遠《とお》くから消火作業《しょうかさぎょう》にあたることができます。

わたしたちは
高性能《こうせいのう》な防火服《ぼうかふく》に
守《まも》られているんだ！

だから 急《きゅう》に炎《ほのお》に襲《おそ》われても、やけどをしない。

裁判官《さいばんかん》の

服装《ふくそう》は必《かなら》ず黒《くろ》と決《き》まっている！

裁判官《さいばんかん》は、裁判所《さいばんしょ》に訴《うった》えられた事件《じけん》や争《あらそ》いについて、法律《ほうりつ》をもとに判決《はんけつ》をくだします。訴《うった》えた人《ひと》、訴《うった》えられた人両方《ひとりょうほう》にとって、どちらにもかたよらずに公正《こうせい》な判断《はんだん》をしないといけません。裁判官《さいばんかん》がくだす判断《はんだん》によっては、関係者《かんけいしゃ》の人生《じんせい》が大《おお》きく変《か》わってしまう、とても責任《せきにん》が重《おも》い仕事《しごと》です。

そんな裁判官《さいばんかん》の制服《せいふく》は法服《ほうふく》といいますが、必《かなら》ず黒色《くろいろ》で、決《き》められたデザインです。

法服《ほうふく》が黒《くろ》い理由《りゆう》は、「黒《くろ》は他《ほか》のどんな色《いろ》にも染《そ》まることがないから」だといわれています。裁判官《さいばんかん》が中立《ちゅうりつ》であること、公正《こうせい》であることの象徴《しょうちょう》として、黒《くろ》の法服《ほうふく》が採用《さいよう》されたんですね。

裁判官《さいばんかん》と同《おな》じように法廷《ほうてい》に立《た》つ、弁護士《べんごし》や検事《けんじ》は、とくに服装《ふくそう》の規定《きてい》はありません。

刑事《けいじ》裁判《さいばん》のイメージ
裁判官《さいばんかん》
裁判所《さいばんしょ》書記官《しょきかん》
裁判《さいばん》を記録《きろく》します。
検察官《けんさつかん》
被告人《ひこくにん》の犯罪《はんざい》を証明《しょうめい》します。
被告人《ひこくにん》
罪《つみ》に問《と》われている人《ひと》。
弁護人《べんごにん》
被告人《ひこくにん》のために申《もう》し開《ひら》きをします。

なぜなら

黒《くろ》は裁判官《さいばんかん》の公平《こうへい》さを示《しめ》す色《いろ》。

神《じん》社《じゃ》の神《かん》主《ぬし》は はかまの色《いろ》で 身《み》分《ぶん》が 分《わ》かる！

お寺《てら》と神社《じんじゃ》の違《ちが》いはわかりますか？

お寺《てら》は仏教《ぶっきょう》で、神社《じんじゃ》は神道《しんとう》と、宗教《しゅうきょう》が違《ちが》うのです。お寺《てら》にはお坊《ぼう》さんがいますが、神社《じんじゃ》には神主《かんぬし》（神職《しんしょく》）がいます。

神主《かんぬし》は経験《けいけん》や働《はたら》きによって身分《みぶん》が上《あ》がっていきます。神主《かんぬし》ははかまをはいていますが、このはかまの色《いろ》で身分《みぶん》がわかります。

神主《かんぬし》の身分《みぶん》は下《した》から「四級《よんきゅう》、三級《さんきゅう》、二級《にきゅう》、二級上《にきゅうじょう》、一級《いっきゅう》、特級《とっきゅう》」の階級《かいきゅう》があります。四《よん》級《きゅう》や三級《さんきゅう》はまだ経験《けいけん》の浅《あさ》い神主《かんぬし》で、一級《いっきゅう》や特《とっ》級《きゅう》の人《ひと》は経験《けいけん》も働《はたら》きも認《みと》められた神主《かんぬし》ですが、あまりいません。それぞれのはかまの色《いろ》は下《した》の図《ず》のようになっています。

今度《こんど》、神社《じんじゃ》に行《い》った時《とき》は、神職《しんしょく》のはかまに注目《ちゅうもく》してみてください。

特級《とっきゅう》
白色《しろいろ》に
白色《しろいろ》の紋《もん》
一級《いっきゅう》
紫色《むらさきいろ》に
白色《しろいろ》の紋《もん》
二級上《にきゅうじょう》
紫色《むらさきいろ》に
薄紫色《うすむらさきいろ》の紋《もん》
二級《にきゅう》
紫色《むらさきいろ》
四級《よんきゅう》と三級《さんきゅう》
浅葱色《あさぎいろ》
（水色《みずいろ》のような色《いろ》）

ちなみに 新米《しんまい》の神主《かんぬし》は、浅葱色《あさぎいろ》のはかま。

力《りき》士《し》の

トイレは頑《がん》丈《じょう》に作《つく》られている！

お相撲《すもう》さん（力士《りきし》）の体重《たいじゅう》は平均《へいきん》で160kgぐらいです。

体《からだ》が大《おお》きくて体重《たいじゅう》も重《おも》たい力士《りきし》には、せまいトイレは使《つか》いにくそう。それにトイレがこわれてしまわないか心配《しんぱい》です。

相撲《すもう》が行《おこな》われる東京《とうきょう》の両国《りょうごく》にある国技館《こくぎかん》には、力士専用《りきしせんよう》の丈夫《じょうぶ》なトイレがあります。力士《りきし》たちが準備《じゅんび》をする支度部屋《したくべや》にあるトイレですが、一般的《いっぱんてき》なトイレより幅《はば》が5cm、長《なが》さが約《やく》7cm、高《たか》さが2cm大《おお》きくなっています。力士《りきし》たちの重《おも》たい体重《たいじゅう》に耐《た》えられるように、便座自体《べんざじたい》も厚《あつ》くしてあります。このトイレなら力士《りきし》たちも安心《あんしん》ですね。

ちなみに、飛行機《ひこうき》のせまい座席《ざせき》に乗《の》る時《とき》は、2人分《ふたりぶん》の座席《ざせき》を予約《よやく》することもあるそうです。

だから

国技館《こくぎかん》のトイレは、力士《りきし》の重《おも》さに耐《た》える。

JRの運《うん》転《てん》士《し》

の

目《め》覚《ざ》まし時《ど》計《けい》は絶《ぜっ》対《たい》に起《お》きることができる特《とく》別《べつ》製《せい》！

日本《にほん》の鉄道《てつどう》は、たとえどんなに朝早《あさはや》くても、電車《でんしゃ》は遅《おく》れることなくきちんと走《はし》っています。始発電車《しはつでんしゃ》の運転士《うんてんし》は、朝寝坊《あさねぼう》せずにちゃんと起《お》きて、電車《でんしゃ》を運転《うんてん》しているわけですね。

電車《でんしゃ》の運転士《うんてんし》が使《つか》っているのは、絶対《ぜったい》に起《お》きることができる目覚《めざ》まし時計《どけい》。それは、びっくりするほどの大音量《だいおんりょう》で鳴《な》る目覚《めざ》まし時計《どけい》！

……ではありません。

設定《せってい》した時刻《じこく》になると、布団《ふとん》の下《した》に置《お》いた袋《ふくろ》がふくらんだりしぼんだりして、体《からだ》を動《うご》かす仕組《しく》みになっている時計《とけい》です。めいっぱいふくらんだ時《とき》は、体《からだ》が弓《ゆみ》なりに反《そ》り返《かえ》るほどです。こうなるともう眠《ねむ》ってはいられませんね。こうした目覚《めざ》まし時計《どけい》は、ＪＲだけでなく消防署《しょうぼうしょ》など他《ほか》の職業《しょくぎょう》でも使《つか》われています。

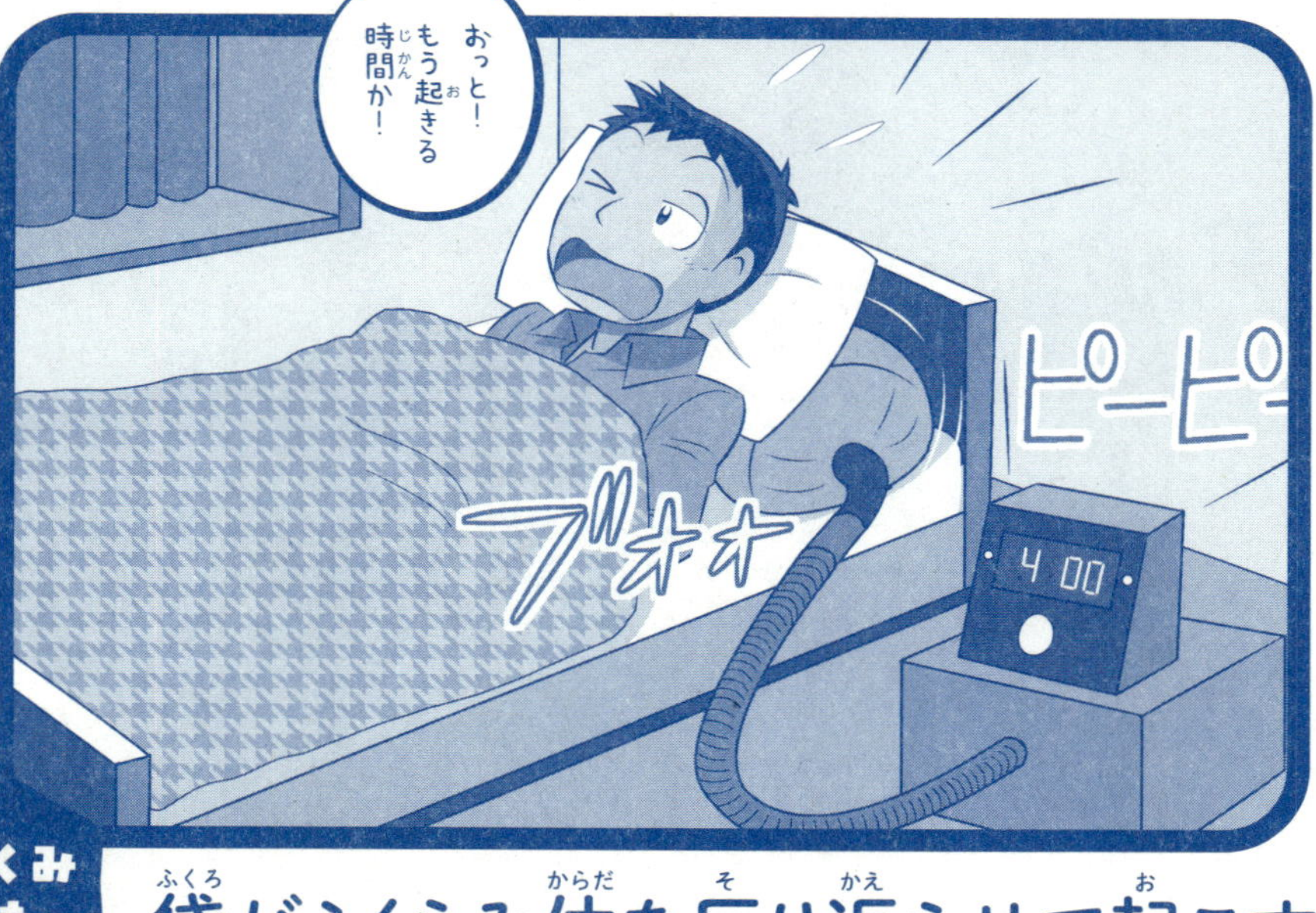

しくみは

袋《ふくろ》がふくらみ体《からだ》を反《そ》り返《かえ》らせて起《お》こす。

電《でん》車《しゃ》の運《うん》転《てん》士《し》が言《い》う「出《しゅっ》発《ぱつ》進《しん》行《こう》！」は「出《しゅっ》発《ぱつ》する」の意《い》味《み》ではない！

「出発進行《しゅっぱつしんこう》」は、「列車《れっしゃ》が出発《しゅっぱつ》しますよ」という意味《いみ》のかけ声《ごえ》ではありません。「出発進行《しゅっぱつしんこう》」は、「出発信号機《しゅっぱつしんごうき》が進行信号《しんこうしんごう》になっているのを確認《かくにん》しました」という意味《いみ》なのです。

電車《でんしゃ》の運転士《うんてんし》は駅《えき》から出発《しゅっぱつ》する時《とき》に、出発《しゅっぱつ》信号機《しんごうき》を確認《かくにん》します。出発信号機《しゅっぱつしんごうき》の色《いろ》は「青《あお》（緑《みどり》）、黄《き》、赤《あか》」の3色《しょく》で、青《あお》（緑《みどり》）は「進行信号《しんこうしんごう》」、黄《き》は「注意信号《ちゅういしんごう》」、赤《あか》は「停止信号《ていししんごう》」とよびます。道路《どうろ》の信号機《しんごうき》と同《おな》じで、青《あお》（緑《みどり》）なら出発《しゅっぱつ》できて、黄《き》や赤《あか》ならストップです。

安全運転《あんぜんうんてん》のため、「出発信号機《しゅっぱつしんごうき》が進行信号《しんこうしんごう》になっている」ことを声《こえ》を出《だ》して確認《かくにん》する意味《いみ》で、「出発進行《しゅっぱつしんこう》」と言《い》っているのです。

出発信号機《しゅっぱつしんごうき》を使《つか》っていない新幹線《しんかんせん》などでは、運転士《うんてんし》は「出発進行《しゅっぱつしんこう》」とは言《い》いません。

ちなみに 新幹線《しんかんせん》では「出発進行《しゅっぱつしんこう》！」と言《い》わない。

郵《ゆう》便《びん》物《ぶつ》を仕《し》分《わ》ける仕《し》事《ごと》は目《め》に見《み》えないバーコードを使《つか》う！

郵便局《ゆうびんきょく》には毎日《まいにち》たくさんの郵便物《ゆうびんぶつ》が集《あつ》まってきます。郵便局《ゆうびんきょく》の1日《にち》あたりの配達数《はいたつすう》は6100万通《まんつう》（2020年度《ねんど》）にもなります。これらを仕分《しわ》けるだけでも大変《たいへん》そう。

じつは、ほとんどの郵便物《ゆうびんぶつ》の仕分《しわ》けは、機械《きかい》（区分機《くぶんき》）が行《おこな》っています。区分機《くぶんき》は郵便番号《ゆうびんばんごう》と宛名《あてな》を読《よ》み取《と》って、郵便物《ゆうびんぶつ》の余白部分《よはくぶぶん》に、その情報《じょうほう》を表《あらわ》すバーコードを透明《とうめい》なインクで印字《いんじ》します。バーコードを読《よ》み取《と》って、宛先《あてさき》ごとに自動的《じどうてき》に振《ふ》り分《わ》けられるしくみです。

区分機《くぶんき》が読《よ》み取《と》れなかったものや、ゆうパックなどの大《おお》きな荷物《にもつ》は、人《ひと》の目《め》で宛先《あてさき》などを確認《かくにん》して、それにも透明《とうめい》なバーコードが印字《いんじ》されます。スムーズな仕分《しわ》けや配達《はいたつ》のため、透明《とうめい》なバーコードが活躍《かつやく》しているのです。

郵便物《ゆうびんぶつ》に印刷《いんさつ》された透明《とうめい》なバーコードはブラックライトを当《あ》てると見《み》える。

なんと 郵便物《ゆうびんぶつ》の仕分《しわ》けは、自動《じどう》で行《おこな》われる。

水《すい》道《どう》水《すい》を
チェックする
仕《し》事《ごと》

は
金《きん》魚《ぎょ》も
やっている！

日本《にほん》の水道水《すいどうすい》はきれいで安全《あんぜん》だと世界《せかい》でも有名《ゆうめい》です。世界《せかい》の200近《ちか》い国《くに》の中《なか》で、水道水《すいどうすい》をそのまま飲《の》めるのは日本《にほん》を含《ふく》む12カ国《こく》しかないそうです。そんな水道水《すいどうすい》をつくるのが浄水場《じょうすいじょう》の仕事《しごと》です。

浄水場《じょうすいじょう》では、川《かわ》や地下水《ちかすい》などから水《みず》を取《と》り入《い》れて、砂《すな》や土《つち》を取《と》り除《のぞ》き、にごりも薬品《やくひん》を使《つか》って取《と》り除《のぞ》きます。さらに、においやカビのもとなども分解《ぶんかい》して、最後《さいご》に消毒《しょうどく》のための塩素《えんそ》を入《い》れて、水道水《すいどうすい》をつくります。

じつは、浄水場《じょうすいじょう》に取《と》り入《い》れられた水《みず》やつくった水道水《すいどうすい》の水質《すいしつ》チェックに、金魚《きんぎょ》などの生物《せいぶつ》も活躍《かつやく》しています。浄水場内《じょうすいじょうない》の水槽《すいそう》に生物《せいぶつ》を飼《か》って、生物《せいぶつ》の様子《ようす》を監視《かんし》し、何《なに》か異変《いへん》があればその水《みず》の安全性《あんぜんせい》を確認《かくにん》するのです。

飼《か》われている生物《せいぶつ》は、金魚《きんぎょ》、メダカ、コイ、フナ、エビ、貝《かい》など浄水場《じょうすいじょう》によって違《ちが》うんだ。

ちなみに **金魚《きんぎょ》以外《いがい》の生《い》き物《もの》もいる。**

畑《はたけ》の仕事《しごと》は

ロボットが行《おこな》っているものもある！

へぇ！ 仕事のなるほど

農業《のうぎょう》の歴史《れきし》は7000年以上前《ねんいじょうまえ》にもさかのぼります。日本《にほん》でも、今《いま》から5000年前《ねんまえ》の縄文時代《じょうもんじだい》には農業《のうぎょう》が始《はじ》まっていたといわれています。そして、その長《なが》い歴史《れきし》の中《なか》で、どんどん新《あたら》しく進歩《しんぽ》してきました。

近年《きんねん》も農業《のうぎょう》の進化《しんか》にはめざましいものがあります。たとえば、自動《じどう》ロボットが無人《むじん》で畑《はたけ》を耕《たがや》したり、収穫《しゅうかく》したりする農園《のうえん》があります。AI（人工知能《じんこうちのう》）を使《つか》って最適《さいてき》な畑作《はたけづく》りや、収穫予想《しゅうかくよそう》を立《た》てる技術《ぎじゅつ》も研究《けんきゅう》されています。

また、ドローンを使《つか》って、農薬《のうやく》をまくことも多《おお》くの田《た》んぼや畑《はたけ》で行《おこな》われています。

日本《にほん》の農業《のうぎょう》は今《いま》、人手不足《ひとでぶそく》に悩《なや》まされています。最新技術《さいしんぎじゅつ》がその問題《もんだい》を解決《かいけつ》してくれると期待《きたい》されています。

自動《じどう》トラクターで
畑《はたけ》を耕《たがや》す。
ドローンで
農薬《のうやく》をまく。

つまり 最新技術《さいしんぎじゅつ》が日本《にほん》の農業《のうぎょう》を救《すく》うかも。

水《すい》族《ぞく》館《かん》

では
厚《あつ》さ60cmの
特《とく》殊《しゅ》なガラスを
使《つか》っている!

水族館《すいぞくかん》の仕事《しごと》として、どんな水槽《すいそう》を作《つく》って、どんなふうにお客《きゃく》さんに見《み》てもらうかを考《かんが》えることはとても重要《じゅうよう》です。水族館《すいぞくかん》の水槽《すいそう》のガラスは、家《いえ》や学校《がっこう》で見《み》るようなガラスではなく特殊《とくしゅ》なガラスが使《つか》われています。アクリルガラスといい、強化《きょうか》ガラスよりも強《つよ》く、透明《とうめい》度《ど》が高《たか》く、曲《ま》げる加工《かこう》もできるというすぐれものです。アクリルガラスができてから、水《すい》族館《ぞくかん》のレイアウトは大《おお》きく発展《はってん》しました。

とても大《おお》きいアクリルガラスを使《つか》っているのが、沖縄《おきなわ》の美《ちゅ》ら海《うみ》水族館《すいぞくかん》「黒潮《くろしお》の海《うみ》」の水《すい》槽《そう》です。体長《たいちょう》8・8mものジンベエザメが泳《およ》ぐ巨大《きょだい》な水槽《すいそう》で、ここのアクリルガラスは高《たか》さ8・2m、幅《はば》22・5m、厚《あつ》さは60㎝もある世界最大級《せかいさいだいきゅう》のものです。

水族館《すいぞくかん》のガラスって割《わ》れないの？
大丈夫《だいじょうぶ》 ここのガラスの厚《あつ》さは60㎝もあるからね。
60 cm

なぜなら **強《つよ》い水圧《すいあつ》に耐《た》える必要《ひつよう》があるから。**

銀《ぎん》行《こう》では

銀《ぎん》行《こう》強《ごう》盗《とう》の身《しん》長《ちょう》を知《し》るために観《かん》葉《よう》植《しょく》物《ぶつ》を置《お》いている!?

銀行《ぎんこう》に行《い》くと、入《い》り口《ぐち》あたりに観葉植物《かんようしょくぶつ》が置《お》かれていることに気《き》づくと思《おも》います。植物《しょくぶつ》があると、なんとなく気持《きも》ちが落《お》ち着《つ》き、フロアのおしゃれとしてもってこいですね。でも、観葉植物《かんようしょくぶつ》が置《お》かれている理由《りゆう》はもうひとつありました。それは、銀行強盗《ぎんこうごうとう》が来《き》た時《とき》に、その強盗犯《ごうとうはん》の身長《しんちょう》を知《し》るためといわれます。

銀行《ぎんこう》に置《お》かれている観葉植物《かんようしょくぶつ》の高《たか》さは、１７０cm前後《ぜんご》のものが多《おお》いといわれます。

強盗犯《ごうとうはん》が逃《に》げる時《とき》、観葉植物《かんようしょくぶつ》よりも大《おお》きかったら、その人《ひと》の身長《しんちょう》は１７０cm以上《いじょう》だとわかります。逆《ぎゃく》に小《ちい》さければ、１７０cm以下《いか》だとわかります。ですがこれは防犯《ぼうはん》カメラがなかった時代《じだい》の話《はなし》で、現在《げんざい》はインテリアとして置《お》かれています。

だから 観葉植物《かんようしょくぶつ》は犯人《はんにん》の身長《しんちょう》の目安《めやす》だった。

オランダ

風車《ふうしゃ》の番人《ばんにん》

オランダは風車《ふうしゃ》が多《おお》いことで有名《ゆうめい》です。オランダには海《うみ》をうめ立《た》てた土《と》地《ち》（干拓地《かんたくち》）がたくさんあって風車《ふうしゃ》は主《おも》にこの干拓地《かんたくち》をつくる時《とき》に水《みず》をくみ上《あ》げるために使《つか》われました。

この風車《ふうしゃ》には、風車《ふうしゃ》を管理《かんり》して動《うご》かす、風車守《ふうしゃもり》とよばれる番人《ばんにん》がいました。風車《ふうしゃ》の中《なか》に家《いえ》があり、そこに風《ふう》車守《しゃもり》とその家族《かぞく》はくらしていました。

今《いま》は水《みず》のくみ上《あ》げは電動《でんどう》ポンプで行《おこな》っています。風車《ふうしゃ》は大切《たいせつ》な文化《ぶんか》遺《い》産《さん》として残《のこ》されていて、そこを管理《かんり》するために今《いま》も風車守《ふうしゃもり》が活躍《かつやく》している風車《ふうしゃ》もあります。

バチカン市国《しこく》

悪霊《あくりょう》退治《たいじ》の専門家《せんもんか》

世界《せかい》で最《もっと》も小《ちい》さい国《くに》、バチカン市国《しこく》。キリスト教《きょう》の聖地《せいち》です。

キリスト教《きょう》カトリックのリーダー、ローマ教皇《きょうこう》のいるキリスト教《きょう》の国《くに》ですが、この国《くに》には、悪霊退治《あくりょうたいじ》の専門《せんもん》家《か》「エクソシスト」がいます。

他《ほか》の宗教《しゅうきょう》でも、このようなことはあります。たとえば、日本《にほん》でも神社《じんじゃ》などで悪《わる》いことが起《お》きないように、おはらいを行《おこな》うことがありますね。

めずらしい 世界《せかい》の仕事図鑑《しごとずかん》 1

その国《くに》ならではの
びっくりする仕事《しごと》をいくつか紹介《しょうかい》します。

イギリス

街中《まちなか》で大声《おおごえ》を出《だ》す仕事《しごと》

イギリスは歴史《れきし》も古《ふる》く、伝統《でんとう》を重《おも》んじる国《くに》。

そんなイギリスに大昔《おおむかし》からあるのが、街中《まちなか》でニュースを人々《ひとびと》に大声《おおごえ》で伝《つた》える仕事《しごと》。「タウンクライアー」とよばれています。

昔《むかし》、多《おお》くの人《ひと》は文字《もじ》が読《よ》めず、新聞《しんぶん》でニュースを知《し》ることができなかったので、このような仕事《しごと》ができたのだそうです。

今《いま》もタウンクライアーはいるそうですが、観光用《かんこうよう》のデモンストレーションになっています。

このほかイギリスには、朝《あさ》に街中《まちなか》を回《まわ》って窓《まど》をたたいて起《お》こしてくれる「窓《まど》たたき」という職業《しょくぎょう》のひともいました。

さすがは歴史《れきし》と伝統《でんとう》の国《くに》です。

マルタ騎《き》士《し》団《だん》

騎《き》士《し》団《だん》の騎《き》士《し》

今《いま》も騎士団《きしだん》があって、本物《ほんもの》の騎士《きし》がいるというと、びっくりするでしょうか？

じつは騎士《きし》といっても、鎧《よろい》や兜《かぶと》を身《み》にまとい、剣《けん》で戦《たたか》うわけではありません。

今《いま》から1000年《ねん》ほど前《まえ》に、ヨーロッパの地中海《ちちゅうかい》にあるマルタ島《とう》で生《う》まれたマルタ騎士団《きしだん》は、正式名称《せいしきめいしょう》を「エルサレム、ロードスおよびマルタにおける聖《せい》ヨハネ主権軍事病院騎士《しゅけんぐんじびょういんきし》修道会《しゅうどうかい》」といいます。領土《りょうど》はありませんが、100以上《いじょう》の国々《くにぐに》と「国交《こっこう》」を結《むす》んでいます。

現在《げんざい》、1万人以上《まんにんいじょう》の騎士《きし》がいて、主《おも》に医療分野《いりょうぶんや》のボランティア活動《かつどう》を行《おこな》っています。

日本人《にほんじん》の騎士《きし》もいるそうです。

5章《しょう》

うそ？
びっくり仕《し》事《ごと》の歴《れき》史《し》

飛鳥《あすか》時《じ》代《だい》のころ

から続《つづ》く

世《せ》界《かい》最《さい》古《こ》の

建《けん》築《ちく》会《がい》社《しゃ》

が

日《に》本《ほん》にある！

今《いま》から1400年《ねん》以上前《いじょうまえ》、聖徳太子《しょうとくたいし》（厩戸皇《うまやとのおう》子《じ》）が、大阪《おおさか》に四天王寺《してんのうじ》を建《た》てました。

その時《とき》、聖徳太子《しょうとくたいし》は朝鮮半島《ちょうせんはんとう》の百済《くだら》という国《くに》から、3人《にん》の大工《だいく》を呼《よ》び寄《よ》せて寺《てら》の建築《けんちく》にあたらせました。

その3人《にん》の大工《だいく》の中《なか》のひとりに金剛《こんごう》という人《ひと》がいました。金剛《こんごう》は、四天王寺《してんのうじ》が完成《かんせい》した後《あと》も、四天王寺《してんのうじ》を守《まも》る大工《だいく》として日本《にほん》に残《のこ》ることになったといわれています。

初代《しょだい》の金剛《こんごう》から代々《だいだい》、大工《だいく》の技術《ぎじゅつ》が受《う》け継《つ》がれ、「金剛組《こんごうぐみ》」という会社《かいしゃ》が生《う》まれました。金剛組《こんごうぐみ》はお寺《てら》や神社《じんじゃ》を専門《せんもん》に建築《けんちく》する会社《かいしゃ》です。現在《げんざい》、初代《しょだい》の金剛《こんごう》から数《かぞ》えて41代目《だいめ》が受《う》け継《つ》いでいて、この金剛組《こんごうぐみ》は世界最古《せかいさいこ》の建築《けんちく》会社《がいしゃ》ともいわれています。

なんと 聖徳太子《しょうとくたいし》の時代《じだい》から続《つづ》いている。

平安時代《へいあんじだい》

ラブレター代筆《だいひつ》の仕事《しごと》があった！

今《いま》から1000年《ねん》以上前《いじょうまえ》の平安時代《へいあんじだい》、人《ひと》の代《か》わりに手紙《てがみ》を書《か》く「代筆《だいひつ》」の仕事《しごと》がひそかな人気《にんき》でした。代筆《だいひつ》するのはラブレターです。当時《とうじ》の貴族《きぞく》は、お互《たが》いに顔《かお》を見《み》ることもなく、ラブレターのやり取《と》りをして相手《あいて》がどんな人《ひと》なのかを判断《はんだん》していました。字《じ》が美《うつく》しく、内容《ないよう》に教養《きょうよう》が感《かん》じられると、大変《たいへん》モテました。そのため、字《じ》が下手《へた》な人《ひと》や文章《ぶんしょう》に自信《じしん》がない人《ひと》は、代筆《だいひつ》を頼《たの》んでいたのです。

こうした代筆《だいひつ》の仕事《しごと》のなごりとして、現在《げんざい》もいくつかの神社《じんじゃ》で「懸想文売《けそうぶみう》り」という行《ぎょう》事《じ》が見《み》られます。懸想文《けそうぶみ》はラブレターのこと。懸想文《けそうぶみ》を買《か》ってタンスや鏡台《きょうだい》に入《い》れておくと、姿《すがた》かたちがきれいになって良縁《りょうえん》に恵《めぐ》まれるといわれています。

じつは 字《じ》が下手《へた》な人《ひと》などが頼《たの》んだ。

戦《せん》国《ごく》時《じ》代《だい》

城《しろ》の石《いし》垣《がき》を作《つく》る職《しょく》人《にん》の集《しゅう》団《だん》があった！

今《いま》からおよそ500年前《ねんまえ》の戦国時代《せんごくじだい》、城《しろ》の石垣作《いしがきづく》りを専門《せんもん》にする職人集団《しょくにんしゅうだん》がいました。滋賀県大津市《しがけんおおつし》の坂本地区《さかもとちく》や穴太地区《あのうちく》に住《す》んでいた石《いし》の職人《しょくにん》たちで、穴太衆《あのうしゅう》といいました。

彼《かれ》らが作《つく》る石垣《いしがき》はとても頑丈《がんじょう》でした。織田《おだ》信長《のぶなが》に召《め》し抱《かか》えられ、安土城《あづちじょう》の石垣作《いしがきづく》りを手《て》がけ、全国《ぜんこく》の城《しろ》の石垣作《いしがきづく》りに大《おお》きな影響《えいきょう》を与《あた》えていきました。穴太衆《あのうしゅう》の石垣作《いしがきづく》りの特徴《とくちょう》は、自然《しぜん》にある石《いし》をそのまま使《つか》って石垣《いしがき》を組《く》み上《あ》げていく「野面積《のづらづみ》」という方法《ほうほう》ですが、その後《ご》、いろいろと発展《はってん》していきました。

やがて石垣作《いしがきづく》りの職人《しょくにん》自体《じたい》を穴太衆《あのうしゅう》とよぶようになったため、もともとの穴太衆《あのうしゅう》が実際《じっさい》にどれほどの城《しろ》の石垣作《いしがきづく》りに関《かか》わったのかは正確《せいかく》にはわかりません。

なんと 織田信長《おだのぶなが》の安土城《あづちじょう》の石垣《いしがき》も作《つく》った。

江《え》戸《ど》時《じ》代《だい》

おしっこを買《か》う仕《し》事《ごと》があった！

今《いま》から400年以上前《ねんいじょうまえ》の江戸時代《えどじだい》には、「小便買《しょうべんが》い」という仕事《しごと》がありました。

江戸《えど》の町《まち》で人々《ひとびと》のウンチやおしっこ（ふんにょう）をダイコンなどの野菜《やさい》と交換《こうかん》して集《あつ》め、集《あつ》めたふんにょうを農村《のうそん》に運《はこ》んでいって売《う》る仕事《しごと》です。

どうしてふんにょうを集《あつ》めるのかというと、野菜《やさい》などをつくる時《とき》の肥料《ひりょう》に使《つか》うためです。

農村《のうそん》では、たくさんの肥料《ひりょう》が必要《ひつよう》でした。牛《うし》や馬《うま》などの家畜《かちく》のフンも使《つか》いますが、それだけでは足《た》りませんでした。そこで、たくさんの人《ひと》が住《す》む江戸《えど》の町《まち》でふんにょうを集《あつ》める仕事《しごと》ができたのです。

船《ふね》1隻《せき》あたりのふんにょうで約《やく》1両《りょう》（10万円《まんえん》ほど）になったといわれています。

じつは おしっこは、畑《はたけ》の肥料《ひりょう》として使《つか》われた。

江《え》戸《ど》時《じ》代《だい》

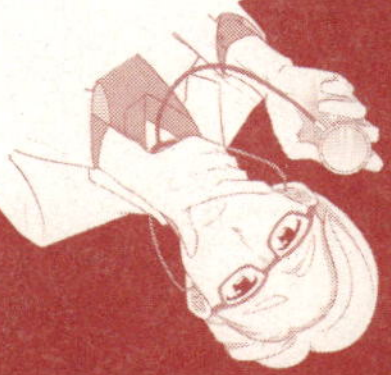

やぶ医《い》者《しゃ》は名《めい》医《い》のことだった!?

うでの悪《わる》い医者《いしゃ》を「やぶ医者《いしゃ》」といいます。なぜそう言《い》うのかは、いろいろな説《せつ》があります。その中《なか》に、このやぶ医者《いしゃ》は、もともとはスゴ腕《うで》の医者《いしゃ》のことを言《い》ったというものがあります。江戸《えど》時代《じだい》の俳句《はいく》の達人《たつじん》・松尾芭蕉《まつおばしょう》の弟子《でし》がまとめた書物《しょもつ》に書《か》かれています。

但馬国《たじまのくに》（今《いま》の兵庫県《ひょうごけん》）の養父《やぶ》というところに名《め》医《い》がいて、たいへん有名《ゆうめい》でした。その名医《めいい》のところには多《おお》くの弟子《でし》も集《あつ》まりました。ですから当初《とうしょ》は、養父《やぶ》の医者《いしゃ》といえば名医《めいい》のことを言《い》いました。ところが、「自分《じぶん》は養父《やぶ》の医者《いしゃ》の弟子《でし》だ」などとうそをついて、人《ひと》をだます腕《うで》の悪《わる》い医者《いしゃ》も多《おお》く出《で》るようになりました。そこから、養父《やぶ》の医者《いしゃ》（やぶ医者《いしゃ》）は、腕《うで》の悪《わる》い医者《いしゃ》をさす言葉《ことば》になったということです。

じつは 但馬国《たじまのくに》の養父《やぶ》に名医《めいい》がいた。

 ※まじないを使《つか》った治療《ちりょう》の「野巫《やぶ》」が語源《ごげん》という説《せつ》もあります

江《え》戸《ど》時《じ》代《だい》

東《とう》京《きょう》から大《おお》阪《さか》まで走《はし》って手《て》紙《がみ》を届《とど》ける職《しょく》業《ぎょう》

があった！

江戸時代《えどじだい》、飛脚《ひきゃく》という人《ひと》たちがいました。飛脚《ひきゃく》は今《いま》でいう郵便《ゆうびん》や宅配便《たくはいびん》のようなもので、手紙《てがみ》や荷物《にもつ》を運《はこ》ぶ人《ひと》や制度《せいど》のことです。

今《いま》のようにバイクや自動車《じどうしゃ》はないので、飛脚《ひきゃく》は馬《うま》を使《つか》ったり、人《ひと》が走《はし》ったりして荷物《にもつ》を届《とど》けました。ひとりの飛脚《ひきゃく》が江戸《えど》（東京《とうきょう》）から大坂《おおさか》（※）までひたすら走《はし》るわけではなく、何人《なんにん》もがリレーする形《かたち》で届《とど》けました。江戸《えど》から大坂《おおさか》までの約《やく》500㎞を最速《さいそく》3日《みっか》で届《とど》けたといわれます。

江戸時代《えどじだい》の飛脚《ひきゃく》には、幕府《ばくふ》（国《くに》）が管理《かんり》しておもに政治《せいじ》の手紙《てがみ》などを運《はこ》ぶ「継飛脚《つぎひきゃく》」、各地《かくち》を支配《しはい》する大名《だいみょう》たちが管理《かんり》した「大名飛脚《だいみょうひきゃく》」、民間《みんかん》の「町飛脚《まちひきゃく》」などがありました。

なんと 江戸《えど》・大坂間《おおさかかん》を、3日間《みっかかん》で届《とど》けた。

※江戸時代《えどじだい》、大阪《おおさか》は「大坂《おおさか》」と書《か》いていました。

明《めい》治《じ》時《じ》代《だい》

郵《ゆう》便《びん》局《きょく》員《いん》は

銃《じゅう》を持《も》っていた！

郵便《ゆうびん》の制度《せいど》は今《いま》から150年前《ねんまえ》の明治時代《めいじじだい》にできました。その頃《ころ》の郵便配達員《ゆうびんはいたついん》はなんと拳銃《けんじゅう》を持《も》つことが許《ゆる》されていました。郵便《ゆうびん》の中《なか》には現金《げんきん》があったり、重要《じゅうよう》な文書《ぶんしょ》があったりしたので、それらを狙《ねら》う強盗《ごうとう》などから身《み》を守《まも》るためでした。ちなみに、警察官《けいさつかん》が拳銃《けんじゅう》を持《も》つことを許《ゆる》されたのは、明治時代《めいじじだい》の後《あと》の大正時代《たいしょうじだい》に入《はい》ってからです。当時《とうじ》の郵便配達《ゆうびんはいたつ》の仕事《しごと》はそれほど危険《きけん》だったというわけですね。

もちろん、むやみに拳銃《けんじゅう》を撃《う》っていいわけではありません。拳銃《けんじゅう》は配達《はいたつ》の開始時《かいしじ》に受《う》け取《と》って配達《はいたつ》が終了《しゅうりょう》したら返却《へんきゃく》する、弾丸《だんがん》の数《かず》をきちんと確認《かくにん》する、発砲《はっぽう》した場合《ばあい》は捜査《そうさ》を受《う》ける、などのきびしい決《き》まりがありました。

じつは
明治時代《めいじじだい》の郵便配達《ゆうびんはいたつ》は危険《きけん》な仕事《しごと》。

大《たい》正《しょう》時《じ》代《だい》

牛《ぎゅう》乳《にゅう》配《はい》達《たつ》員《いん》は

マラソン大《たい》会《かい》出《しゅつ》場《じょう》が禁《きん》止《し》されていた！

日本《にほん》で最初《さいしょ》のマラソン大会《たいかい》は１９０９（明治《めいじ》42）年《ねん》に行《おこな》われた「マラソン大競走《だいきょうそう》」といわれています。その後《ご》、いくつかの大会《たいかい》が行《おこな》われましたが、大正時代《たいしょうじだい》に入《はい》ると、ある職業《しょくぎょう》の人《ひと》たちはマラソン大会《たいかい》への出場《しゅつじょう》が禁止《きんし》されてしまいました。牛乳《ぎゅうにゅう》、新聞《しんぶん》、郵便《ゆうびん》などの配達員《はいたついん》、人力車《じんりきしゃ》の車夫《しゃふ》などです。

当時《とうじ》、マラソン大会《たいかい》に出場《しゅつじょう》できるのは、アマチュア（プロではない人《ひと》）に限《かぎ》られていました。牛乳配達員《ぎゅうにゅうはいたついん》などは、毎日走《まいにちはし》って体《からだ》が鍛《きた》えられているので、「準職業競技者《じゅんしょくぎょうきょうぎしゃ》」つまり、プロに近《ちか》い人《ひと》とされ、マラソン大会《たいかい》への参加《さんか》が禁止《きんし》されたのです。でも、１９２４（大正《たいしょう》13）年以降《ねんいこう》にその決《き》まりはなくなりました。

なぜなら 毎日走《まいにちはし》っているので出場禁止《しゅつじょうきんし》。

昭《しょう》和《わ》時《じ》代《だい》中《なか》ごろまで

新《しん》聞《ぶん》社《しゃ》は

鳩《はと》に仕《し》事《ごと》を頼《たの》んでいた！

伝書鳩《でんしょばと》を飛《と》ばして手紙《てがみ》などをやりとりする方法《ほうほう》は、ずいぶん昔《むかし》からありました。どんなところからでも家《いえ》に帰《かえ》ってくる鳩《はと》の本能《ほんのう》を利《り》用《よう》するのです。鳩《はと》は何百《なんびゃく》キロも先《さき》という遠《とお》い距離《きょり》からでも、家《いえ》に帰《かえ》ってこられます。

日本《にほん》では大正時代《たいしょうじだい》に伝書鳩《でんしょばと》を使《つか》う新聞社《しんぶんしゃ》が増《ふ》えました。電話《でんわ》やインターネットがない時《じ》代《だい》、ニュースを早《はや》く届《とど》けるための手段《しゅだん》でした。

事件《じけん》・事故《じこ》の現場《げんば》から記事《きじ》や写真《しゃしん》を伝書鳩《でんしょばと》に託《たく》して飛《と》ばすと、新聞社《しんぶんしゃ》に帰《かえ》っていきます。新聞社《しんぶんしゃ》では、伝書鳩《でんしょばと》が運《はこ》んできた記事《きじ》や写真《しゃしん》を受《う》け取《と》って、急《いそ》いで新聞《しんぶん》を作《つく》るのです。

やがて電信機《でんしんき》などが広《ひろ》く使《つか》われるようになると、伝書鳩《でんしょばと》は1960年代《ねんだい》に使《つか》われなくなりました。

じつは ニュースを早《はや》く届《とど》けるための手段《しゅだん》。

昭《しょう》和《わ》時《じ》代《だい》ごろ

満《まん》員《いん》電《でん》車《しゃ》の入《い》り口《ぐち》で乗《じょう》客《きゃく》を押《お》す仕《し》事《ごと》

があった！

昭和時代《しょうわじだい》、満員《まんいん》の通勤電車《つうきんでんしゃ》に乗《の》る人《ひと》を押《お》す「押《お》し屋《や》」という仕事《しごと》がありました。ラッシュの時《とき》に電車《でんしゃ》に乗《の》り切《き》れない人《ひと》たちを、電車内《でんしゃない》に押《お》し込《こ》むのが仕事《しごと》です。

電車《でんしゃ》のドア１つに対《たい》して１人《ひとり》〜２人《ふたり》が配置《はいち》されて、乗客《じょうきゃく》を押《お》し込《こ》みました。おもに大学生《だいがくせい》のアルバイトで、多《おお》い時《とき》は１日《にち》に１３０人《にん》ほどが働《はたら》いていたようです。

現代《げんだい》でも朝《あさ》の通勤《つうきん》ラッシュ時《じ》は満員《まんいん》ですが、混雑《こんざつ》する時間《じかん》をなるべく避《さ》けて出社《しゅっしゃ》したり、家《いえ》での仕事《しごと》が認《みと》められたり、いろんな工夫《くふう》によって電車《でんしゃ》の混雑《こんざつ》は緩和《かんわ》されてきました。そのため、現在《げんざい》は押《お》し屋《や》という仕事《しごと》はありませんが、混雑《こんざつ》する駅《えき》には案内係《あんないがかり》や誘導係《ゆうどうがかり》として、アルバイトの人《ひと》が配置《はいち》されています。

ほかにも 様々《さまざま》な工夫《くふう》で混雑《こんざつ》が緩和《かんわ》された。

平成《へいせい》時代《じだい》まで

株《かぶ》の売《う》り買《か》いの仕事《しごと》は手《て》の合図《あいず》でしていた！

株式《かぶしき》とは、株式会社《かぶしきがいしゃ》が仕事《しごと》をする資金《しきん》を集《あつ》めるために発行《はっこう》するものです。株式《かぶしき》は、証券《しょうけん》取引所《とりひきじょ》というところで売《う》り買《か》いされ、その金《きん》額《がく》はその会社《かいしゃ》や国《くに》の経済《けいざい》の調子《ちょうし》がいいか悪《わる》いかの指標《しひょう》にもなっています。

今《いま》では株式《かぶしき》の売《う》り買《か》いは、インターネットを通《つう》じて画面上《がめんじょう》で取引《とりひき》されていますが、ほんの30年《ねん》ほど前《まえ》までは、証券取引所《しょうけんとりひきじょ》の中《なか》で直接《ちょくせつ》証券会社《しょうけんがいしゃ》の人《ひと》たちがやり取《と》りすることもありました。場立《ばた》ちといいます。

広《ひろ》くて多《おお》くの人《ひと》がいる証券取引所《しょうけんとりひきじょ》の中《なか》では、声《こえ》で売《う》り買《か》いの注文《ちゅうもん》をしても聞《き》こえない可能性《かのうせい》があります。そこで、場立《ばた》ちの人《ひと》たちは、手《て》で独特《どくとく》のサインを作《つく》って、まるで手話《しゅわ》のように取引《とりひき》していました。

その あと

30年《ねん》ほどで様子《ようす》は大《おお》きく変《か》わった。

アナリカなど

宝探《たからさが》しの専門家《せんもんか》

宝探《たからさが》しの仕事《しごと》だなんてワクワクしますね。まるで冒険小説《ぼうけんしょうせつ》やマンガの世《せ》界《かい》です。

でも、世《よ》の中《なか》には実際《じっさい》に宝探《たからさが》しの専《せん》門家《もんか》、トレジャーハンターがいます。トレジャーハンターたちは、海底《かいてい》や、山《やま》の中《なか》、砂漠《さばく》やジャングルなどを冒《ぼう》険《けん》し、沈没船《ちんぼつせん》や打《う》ち捨《す》てられた古《ふる》い遺跡《いせき》などに隠《かく》された財宝《ざいほう》を探《さが》します。

たとえば、ドミニカやキューバ、パナマ、ベネズエラなどに囲《かこ》まれたカリブ海《かい》では、かつて海賊《かいぞく》たちが活動《かつどう》し、海賊船《かいぞくせん》がたくさん海《うみ》の上《うえ》を航海《こうかい》していました。

海賊船《かいぞくせん》の中《なか》には、敵船《てきせん》に攻撃《こうげき》されたり、暴風雨《ぼうふうう》にあったりして、財宝《ざいほう》を積《つ》んだまま沈没《ちんぼつ》してしまった船《ふね》もたくさんあります。

トレジャーハンターたちは、この沈《ちん》没船《ぼっせん》を探《さが》して、財宝《ざいほう》を見《み》つけるのです。

見《み》つけた財宝《ざいほう》は、オークションに出《だ》したり、博物館《はくぶつかん》などに売《う》ったりして、お金《かね》に換《か》えます。

めずらしい 世界《せかい》の仕事図鑑《しごとずかん》 2

世界《せかい》にはまだまだ
びっくりするような仕事《しごと》があります。

アメリカ

犯罪者《はんざいしゃ》を追《お》いかける賞金稼《しょうきんかせ》ぎ

賞金稼《しょうきんかせ》ぎのことを、アメリカではバウンティハンターといいます。

バウンティハンターたちは、指名手配《しめいてはい》されていたり、保釈中《ほしゃくちゅう》に逃《に》げて行方《ゆくえ》をくらました犯罪者《はんざいしゃ》を見《み》つけて捕《つか》まえる仕事《しごと》をしています。

保釈《ほしゃく》とは、逮捕《たいほ》されたものの、お金《かね》を払《はら》って一時的《いちじてき》に自由《じゆう》の身《み》になることです。

バウンティハンターになる人《ひと》の多《おお》くは、退職《たいしょく》した警察官《けいさつかん》や私立探偵《しりつたんてい》だそうです。

カナダ

万引《まんび》き犯人役《はんにんやく》のレンタル

万引《まんび》きはたいへんな犯罪《はんざい》です。時《とき》には店《みせ》がつぶれてしまうことがあります。世界的《せかいてき》にも万引《まんび》きによる被害《ひがい》がたくさん出《で》ています。

そこで、店《みせ》が人《ひと》をやとって、わざと万引《まんび》きしてもらい、捕《つか》まえるというお芝居《しばい》をするのです。その様子《ようす》をほかの客《きゃく》に見《み》せて、万引《まんび》きをするとろくなことがないと思《おも》わせ、万引《まんび》き被《ひ》害《がい》を減《へ》らそうというわけです。

メキシコ

よっぱらいに電気《でんき》ショック

酔《よ》っぱらいに電気《でんき》ショックを与《あた》えて正気《しょうき》に戻《もど》すというメキシコの珍商売《ちんしょうばい》があると、数年前《すうねんまえ》に日本《にほん》のとあるテレビ番組《ばんぐみ》で紹介《しょうかい》されました。

酒場《さかば》などを巡《めぐ》り歩《ある》いて、酔《よ》っぱらいを見《み》つけると電気《でんき》ショックを与《あた》え、酔《よ》いがさめると、料金《りょうきん》を受《う》け取《と》っているとのことです。

お酒《さけ》を飲《の》んでいる客《きゃく》が、ゲーム感覚《かんかく》で楽《たの》しむということもあるそうです。

バヌアツ

海底《かいてい》の郵便局員《ゆうびんきょくいん》

バヌアツは、南太平洋《みなみたいへいよう》に浮《う》かぶ、83の島々《しまじま》からなる国《くに》です。島々《しまじま》のまわりには、サンゴ礁《しょう》の美《うつく》しい海《うみ》が広《ひろ》がり、ダイビングスポットとしても有名《ゆうめい》です。

そんなバヌアツには、世界《せかい》でただひとつの海底郵便局《かいていゆうびんきょく》があります。水深《すいしん》5m弱《じゃく》のところにある郵便局《ゆうびんきょく》には、もちろん郵便局員《ゆうびんきょくいん》もいます（いつもいるわけではないようです）。

南《みなみ》アフリカ

ダチョウのベビーシッター

南《みなみ》アフリカは、アフリカの一番南《いちばんみなみ》にある国《くに》。ダイヤモンドや金《きん》などの鉱《こう》山資源《ざんしげん》が豊富《ほうふ》で、農業《のうぎょう》も盛《さか》んな国《くに》です。

そんな南《みなみ》アフリカでは、ダチョウの赤《あか》ちゃんを見守《みまも》るという仕事《しごと》があるそうです。

見守《みまも》るとはいっても、ダチョウはなかなか攻撃的《こうげきてき》な性格《せいかく》。けんかしたりしないよう気《き》を配《くば》るのはなかなか大《たい》変《へん》かもしれません。

タンザニアなど

呪術《じゅじゅつ》で病気《びょうき》を治《なお》す医者《いしゃ》

アフリカだけでなく、世界各地《せかいかくち》に、「呪術《じゅじゅつ》」を使《つか》って病気《びょうき》やけがの人《ひと》を治《ち》療《りょう》する呪術医《じゅじゅつい》とよばれる人《ひと》たちがいます。

呪術《じゅじゅつ》で治療《ちりょう》というと、まるでファンタジーの世界《せかい》のように思《おも》いますが、占《うらな》いやまじないのほか、伝統的《でんとうてき》な薬《やく》草《そう》などを使《つか》うことがあります。また、患者《かんじゃ》の話《はなし》を聞《き》いて、悩《なや》みや人《ひと》への恨《うら》みなどを解決《かいけつ》する役割《やくわり》も担《にな》っていて、現地《げんち》の人々《ひとびと》にとって大事《だいじ》なカウンセラー的存在《てきそんざい》になっています。

韓国《かんこく》など

人《ひと》の代《か》わりに泣《な》く女性《じょせい》

「泣《な》き女《おんな》」と聞《き》くと思《おも》わず、「子泣《こな》きじじい」のような妖怪《ようかい》？　と思《おも》ってしまいますが、そうではありません。お葬式《そうしき》の時《とき》に、家族《かぞく》に代《か》わって泣《な》くのが仕事《しごと》です。あまりの悲《かな》しみにショックで泣《な》けない遺族《いぞく》の代《か》わりに泣《な》くのです。

じつは、こうした風習《ふうしゅう》は、大昔《おおむかし》から世界各地《せかいかくち》にあり、日本《にほん》でも明治時代《めいじじだい》くらいまでは見《み》られたそうです。今《いま》では、韓国《かんこく》や台湾《たいわん》、東南《とうなん》アジアなどに風習《ふうしゅう》として残《のこ》っています。

中国《ちゅうごく》など

道端《みちばた》の体重測《たいじゅうはか》り屋《や》さん

日本《にほん》のおとなりの中国《ちゅうごく》は、国土《こくど》は日《に》本《ほん》の約《やく》25倍《ばい》、人口《じんこう》は約《やく》12倍《ばい》と国《くに》も広《ひろ》ければ人《ひと》も多《おお》い国《くに》です。そんな中国《ちゅうごく》ですから、いろいろな仕《し》事《ごと》を考《かんが》え出《だ》す人《ひと》がいます。なかでも不思議《ふしぎ》なのは路上《ろじょう》の体重測《たいじゅうはか》り屋《や》さん。道端《みちばた》に体重計《たいじゅうけい》を置《お》いていて、お金《かね》を払《はら》うと体重《たいじゅう》を測《はか》ってくれます。中国《ちゅうごく》だけでなく、インドなどでも街《まち》中《なか》で体重測《たいじゅうはか》り屋《や》さんを見《み》られるそうです。

全世界《ぜんせかい》

世界中《せかいじゅう》で活動《かつどう》する医師《いし》

1971年《ねん》に、天災《てんさい》や人災《じんさい》、戦争《せんそう》などの災害《さいがい》に苦《くる》しむ人《ひと》たちに、中立的《ちゅうりつてき》な立場《たちば》で医療《いりょう》を行《おこな》う「国境《こっきょう》なき医師《いし》団《だん》」という団体《だんたい》が創設《そうせつ》されました。世界中《せかいじゅう》から医師《いし》が参加《さんか》し、紛争地帯《ふんそうちたい》や災害地帯《さいがいちたい》などで活動《かつどう》をしています。日本人《にほんじん》の医者《いしゃ》も多《おお》く参加《さんか》しています。

10年後《ねんご》、新《あたら》しい職業《しょくぎょう》は生《う》まれる?

みなさんは将来《しょうらい》どんな仕事《しごと》をしたいですか？

いろいろな会社《かいしゃ》が子《こ》どもたちに将来《しょうらい》なりたい職業《しょくぎょう》のアンケートを行《おこな》っています。それを見《み》てみると、男子《だんし》はユーチューバーや警察官《けいさつかん》、プロスポーツ選手《せんしゅ》など、女子《じょし》は、パティシエやアイドルなどの芸能人《げいのうじん》、保育士《ほいくし》などが人気《にんき》です。

20年前《ねんまえ》の人気職業《にんきしょくぎょう》を見《み》てみると、警察官《けいさつかん》やスポーツ選手《せんしゅ》、パティシエ、芸能人《げいのうじん》や保育士《ほいくし》などはその頃《ころ》から人気《にんき》がありますが、20年前《ねんまえ》の人気職業《にんきしょくぎょう》にはユーチューバーは出《で》てきません。ユーチューバーなどの動画配信者《どうがはいしんしゃ》はここ数年《すうねん》の間《あいだ》に生《う》まれた新《あたら》しい職業《しょくぎょう》です。

みなさんが大人《おとな》になって仕事《しごと》をする10年《ねん》、20年後《ねんご》にはまた新《あたら》しい職業《しょくぎょう》ができていて、人気《にんき》になっているかもしれませんね。

おもな参考文献・WEBサイト

『職場体験完全ガイド』（ポプラ社）
各地方自治体WEBサイト
国土交通省（https://www.mlit.go.jp/）
文部科学省（https://www.mext.go.jp/）
日本郵便（https://www.post.japanpost.jp/）
郵政博物館（https://www.postalmuseum.jp/）
国立極地研究所（https://www.nipr.ac.jp/）
東京都水道局（https://www.waterworks.metro.tokyo.lg.jp/）
JAXA（https://fanfun.jaxa.jp/）
釧路市動物園（https://www.city.kushiro.lg.jp/zoo/）
王子動物園（https://www.kobe-ojizoo.jp）
沖縄美ら海水族館（https://churaumi.okinawa/）
NHK（https://www.nhk.jp/）
毎日新聞（https://mainichi.jp/）
日経クロステック（https://xtech.nikkei.com/）
ダイヤモンドオンライン（https://diamond.jp/）
東洋経済オンライン（https://toyokeizai.net/）
株式会社ダイム（https://di-me.co.jp/）
学研キッズネット（https://kids.gakken.co.jp/）
日本樹木医会（https://jumokui.jp/）
におい・かおり環境学会（https://orea.or.jp/）
フランス留学センター（https://fra-ryugaku.com/）
ミシュラン（https://guide.michelin.com/jp/）
東京スカイツリー（https://www.tokyo-skytree.jp/）
JR東日本（https://www.jreast.co.jp/）

（順不同）

監修　山口正

筑波大学附属中学校元副校長。中学校、高等学校の社会科教諭として長年社会科の教育に携わる。『絵で見てわかる！　世界の国ぐに』『あした話したくなる　おもしろすぎる学校のひみつ』など監修多数。

文　中原崇、大宮耕一

イラスト　市川智茂、笠原ひろひと、工藤ケン、クドウあや、坂井ユウスケ、佐野アスカ、久永フミノ、やくもこ、iStock

カバーイラスト　フジイイクコ

アートディレクション&ブックデザイン
辻中浩一
＋村松亨修、吉田帆波（ウフ）

校閲　若杉穂高

編集デスク　野村美絵、大宮耕一

編集　中原崇、大宮耕一

あした話《はな》したくなる なりたい 知《し》りたい 仕事《しごと》のひみつ

2025年3月30日　第1刷発行

監修　山口正
編著　朝日新聞出版
発行者　片桐圭子
発行所　朝日新聞出版
〒104-8011
東京都中央区築地5-3-2
電話　03-5541-8833(編集)
03-5540-7793(販売)
印刷所　大日本印刷株式会社

Published in Japan by Asahi Shimbun Publications Inc.
ISBN 978-4-02-332411-4

定価はカバーに表示してあります。

落丁・乱丁の場合は弊社業務部(03-5540-7800)へご連絡ください。
送料弊社負担にてお取り替えいたします。